Falls du ein Smartphone besitzt, kannst du dir gratis die UrbMap App downloaden. Dort sind alle Karten abrufbar, und du kannst im Notfall kontrollieren, ob du am richtigen Weg bist!
www.wildurb.at/urbmap

Alle in diesem Buch geschilderten Handlungen und Personen sind frei erfunden. Ähnlichkeiten mit lebenden oder verstorbenen Personen wären zufällig und nicht beabsichtigt. Die Informationen in diesem Werk wurden mit größter Sorgfalt erarbeitet und recherchiert. Dennoch können Fehler nicht vollständig ausgeschlossen werden. Verlag und Autorin übernehmen keine juristische Haftung für eventuell verbliebene Fehler und deren Folgen.

1. Auflage Mai 2013
©Verlag Rittberger+Knapp, Wien
Autorin und Gestaltung: Jine Knapp, www.wildurb.at
Models: Helene Schwaha und Ruven Rittberger
Lektorat: Michaela Krempl und Doris Rittberger
Studiofotos von Ruven und Helene: Manfred Weihs
Coverillustration Skyline Wien: xzoex - fotolia.com
Illustrierte Pläne: Marcus Steinweg aus Vorlagen der Open Street Map
Druck und Bindung: Grasl FairPrint, A-2540 Bad Vöslau, www.grasl.eu
ISBN: 978-3-9502869-4-6

Alle Rechte vorbehalten, auch das der auszugsweisen Wiedergabe in Print- oder elektronischen Medien
Kommentare und Fragen gerne an: Rittberger+Knapp OG, Kranzgasse 18, 1150 Wien, info@wildurb.at

Gedruckt auf Munken Lynx 100g/m² von Arctic Paper. **www.wildurb.at**

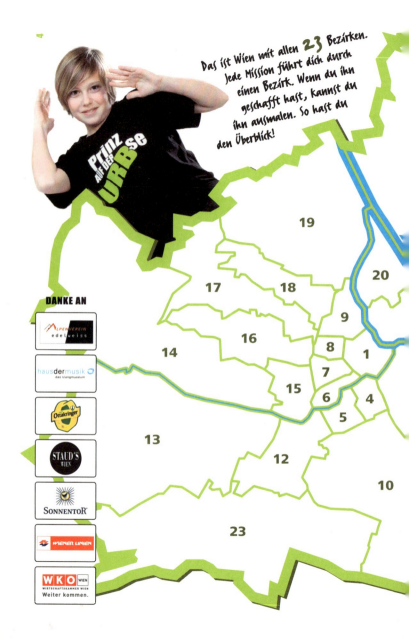

WIE ALLES BEGANN

Ich bin sauer. Echt sauer, weil meine Ferien im Eimer sind. Aber so was von im Hinterteil. Es gab einen Schreikampf mit meiner Mutter. Und wie immer: Sie hat haushoch gesiegt. Das ist zwar nichts Neues, doch dieses Mal hat mein Tobsuchtsanfall echt fatale Folgen. Ja, vielleicht habe ich etwas übertrieben, ein paar unpassende Worte sind mir schon über die Lippen gerutscht, aber sie muss ja nicht gleich so überreagieren. Ich bin halt ein Hitzkopf. Das muss sie doch wissen, schließlich hat sie mich schon 13 Jahre an der Backe. Sonst ist sie immer so stolz auf meinen großen Wortschatz. Da habe ich natürlich auch viele Schimpfwörter auf Lager, glasklar wie Eiswasser. Übrigens mein Name ist Ruven. Wobei man das »v« wie ein »w« ausspricht. Sehr wichtig, sonst werde ich extrem grantig! Meine Mutter nennt mich auch manchmal Ruvi, aber nur, wenn wir uns gut vertragen. Und das ist momentan wohl nicht der Fall.

Von mir aus kann ruhig der Weltuntergang beginnen. Es würde mich heute überhaupt nicht stören, wenn ein Riesenkomet und ein schwarzes Loch gemeinsam auf die Erde zusteuern würden. Ich habe nichts mehr zu verlieren. Absolut nichts. Denn: Playstation weg. Fernseher weg. Laptop weg. Leben weg. Naja, fast zumindest. Das Handy hat sie mir gelassen. Doch ich habe den Verdacht, nur um mich zu überwachen. Eltern können oft so *hinterfotzig* sein und unheimlich gemein. Da musst du vorsichtig sein. Vielleicht habe ich das Handy auch nur noch, damit sie mir im Notfall noch etwas wegnehmen kann. Alles andere würde mich ja nicht kratzen. Die »Mikado-Stäbchen« in Flammen oder das »Mensch-ärgere-dich-nicht-Spiel« im stinkenden Biomüll. Das treibt mir bestimmt keine Träne hoch. Auch keine Wimper würde zucken. Wahrscheinlich müsste ich sogar grinsen. ;-)

Jetzt fragst du dich sicher, was mich so sauer gemacht hat. Warum ich überreagieren musste und mir darauf hin meine Mutter meine ganze Lebensexistenz genommen hat. Sie hat überhaupt keine Ahnung, wie schlimm das ist. Ohne Playstation, Fernseher und Laptop bist du heute ein Nichts. Ein Niemand. Ich habe ihr gesagt, dass sie einfach zu alt ist, um das zu verstehen. Ups. Sie verstummte blitzartig, ihre Augen sprühten Funken und ihr Finger zeigte starr in Richtung meines Zimmers. Damit war unser Streitgespräch endgültig vorbei.

Begonnen hat die Reiberei ja damit, dass sie mir offenbart hat, dass Lene für vier Wochen kommt. Lene ist die Tochter ihrer besten Freundin. Und dass ich mich um sie kümmern und ihr die Stadt zeigen soll. Vier Wochen Lene?! Wie realistisch ist die Frau eigentlich? Sie sitzt wohl in der Phantasiekiste. Manchmal mache ich mir echt Sorgen um meine Mutter. Lene. Lene ist ein Monster. Ein springendes, singendes, tanzendes, nerviges Wesen. Sie ärgert mich. Ich finde wir sind wie »Super Mario« und »Baby Bowser« oder wie »Spongebob« und »Thaddäus Tentakel«. Jedenfalls vollkommen verschieden. Sie ist immer die Lustige. Die Perfekte. Für Erwachsene halt. Super in der Schule, freundlich, hilfsbereit und ach so lieb. Doch, die durchschauen die Göre nicht. Ich schon! Ich kenne sie ganz genau.

Als ich noch jünger war, fuhr meine Mutter mit mir öfters nach Salzburg. Nicht in die Stadt Salzburg, sondern in das Bundesland Salzburg. Zu Lene und ihrer Familie. Die leben dort in einem kleinen Dorf, mitten in den Bergen. Eigentlich ist es ja kein Dorf, sondern schon eine kleine Stadt, aber für mich ist sowas einfach ein Dorf. Denn Wien hat 1,7 Millionen Einwohner und in Lenes *Zwetschkenstadt* leben etwa 9 tausend Leute. So viele Menschen wohnen bei uns in Wien in großen Wohnblocks. Wie zum Beispiel im »Wohnpark Alt-Erlaa«, der im 23. Bezirk steht. Also darum finde ich, ihre kleine Stadt ist ein Dorf. Basta. Da kann mir Lene nichts erzählen.

Eigentlich möchte ich dir ja beweisen, wie fies sie ist. Und immer schon war. Also, wir waren bei Lene auf Urlaub. Mehrere Male. Weil meine Mutter – wie so viele andere Eltern auch – die Meinung vertritt, dass die Landluft so gesund ist. Ich empfinde das nicht so. Denn im Herbst roch es nach Kuhpisse, im Winter war es mir viel zu kalt dort, im Frühling bekam ich Heuschnupfen, im Sommer musste ich mich auf unzählige Berggipfel schleppen und konnte mich danach, vor lauter Muskelkater nicht mehr bewegen. Was soll daran also gesund sein? Dazu kam noch der seelische Druck, den mir Lene jedes Mal zufügte.

In einem Herbst erzählte sie mir von schleimigen Viechern, die aus dem Klo krabbeln, wenn ich zu lange darauf sitze. Jetzt weiß ich, dass sie das nur gesagt hat, weil sie selber gerade dringend pinkeln musste. Doch ich traute mich zwei Jahre lang nicht mehr als ein paar Sekunden auf einer Klomuschel zu hocken. Extrem peinlich. In einem Winter sprang sie heimlich vom Garagendach in den hohen Schnee. Natürlich musste ich es ihr nachmachen, weil ich kein Feigling sein wollte. Doch ich verstauchte mir den *Haxen* und bekam noch dazu einen argen Anschiss, auf welche blöden Ideen ich immer komme. Extrem ärgerlich. In einem Frühling nahm sie mich zu dem Bauernhof gegenüber ihres Hauses mit. Wir holten frische Eier zum Backen meiner Geburtstagstorte. Von den Jungs dort erfuhr Lene, dass gerade Hühner geschlachtet werden. Wir gingen hinter den Stall und plötzlich rannten uns lauter kopflose *Hendeln* entgegen. Zuerst wurde mir übel und dann fiel ich in Ohnmacht. Als ich erwachte, standen die Bauernburschen um mich herum und kicherten wie verrückt. Sehr witzig, woher sollte ich denn wissen, dass Hühner, nachdem ihnen der Kopf abgetrennt wurde, noch für eine kurze Zeit herumlaufen? Monatelang konnte ich mir keine Zombiefilme anschauen und keinen Hühner-Kebab mehr

Na super, das kann ja heiter werden,...

essen, ohne an diese kopflosen, rennenden *Hendeln* zu denken. Extrem grausam. In einem Sommer zeigte sie mir einen furchtbar hohen Jägerstand. Sie kraxelte nicht hinauf, mit der Ausrede, dass der Stand schon zu morsch sei. Ich schon, weil ich ihr beweisen wollte, dass sie nur ein Angsthase ist. Als ich fast oben war, brach eine Sprosse der Leiter. Ich kam zwar hinauf, aber nicht mehr hinunter. Saß gefangen auf der Plattform, wie ein Volltrottel. Zudem bekam ich auch noch Panik und begann herumzubrüllen. Sie rief die Feuerwehr und ich bin mir sicher, sie grinste blöd dabei. Mit Blaulicht und Sirenengeheul kam ein Wagen. Unmengen an Menschen aus Lenes Dorf versammelten sich um meine Rettungsaktion zu beobachten. Am nächsten Tag stand sogar ein Artikel in der Zeitung. Die Überschrift: »Unsere freiwillige Feuerwehr rettete Wiener Kind von Jägerstand«. Extrem unangenehm. Extrem demütigend. Extrem heimtückisch.

Jetzt ist dir sicher auch klar: Lene ist ein gemeines, scheinheiliges, hinterlistiges Monster, das nur geboren wurde, um mein Leben zu versauen. Und in einer halben Stunde muss ich zum Westbahnhof gehen, um diese Göre abzuholen. So schön hätten meine wohlverdienten Sommerferien ohne sie werden können. Ewig pennen, dann mit meinen Freunden Boris und Ali heimlich »ab 18+ Games« zocken. Oder mit ihnen am Skaterplatz rumhängen, um zu besprechen, wie wir ein paar abgefahrene YouTube Clips drehen können. Dazwischen hätten wir ein paar neue Scootertricks eingeübt, begleitet von fetten Songs, die ich auf mein Smartphone geladen habe. Wenn´s ganz heiß geworden wäre, hätten wir im Schwimmbad ein paar »Beckenrandbomben« hingelegt, bis uns der Bademeister erwischt, und wir danach ein paar Mädchen geärgert hätten. Abends dann, einen Horrorstreifen aus dem Internet gezogen… So richtig chillige Ferien halt. Doch mein Schicksal ist besiegelt. Ich muss nun los, um das Monster abzuholen.

Sie ist da. Bis jetzt war sie anständig. Ihrem Begrüßungs-Bussi bin ich gekonnt ausgewichen, die Reisetasche hat sie selber geschleppt und voll gequatscht hat sie mich auch nicht. Lene hat mir sogar ein T-Shirt mitgebracht. Es sieht gar nicht mal so schlecht aus. Es ist schwarz und darauf steht: »Prinz auf der URBse«. Was das auch immer heißen soll. Mir gefällt das *Leiberl* irgendwie. Gesagt habe ich ihr das natürlich nicht, denn so übertrieben freundlich muss ich echt nicht zu ihr sein. Jetzt sitzen wir beide in meinem Zimmer. Es ist unerträglich still, denn die Stecker von Fernseher, Playstation und Laptop hat meine Mutter inzwischen schon gezogen. Ich habe ja gehofft sie vergisst es, doch senil ist sie leider gar nicht. Lene sitzt auf ihrem Bett, also eigentlich auf meinem Sofa, das ausgezogen ist, und tippselt auf ihrem Handy herum. Ich sehe sie an und mich ärgert etwas. Wir sind gleich alt und waren immer gleich groß. Doch sie ist im letzten Jahr wohl etwas mehr gewachsen, als meine Wenigkeit. Ich muss mir in den nächsten Wochen ins Gehirn hämmern, dass ich auf Zehenspitzen herumgehe, wenn sie in meiner Nähe ist. Vielleicht fällt Lene dann nicht auf, dass sie größer ist als ich. Das wäre sonst peinlich. Ansonsten sieht sie aber ganz nett aus, wie sie da sitzt und meine gammelige Osterschokolade zusammen frisst.

Schokofanatisch war sie schon immer. Das kommt wahrscheinlich davon, dass ihre Eltern ziemlich arg drauf sind. Die glauben nämlich, dass Süßigkeiten schlecht für Kinder sind. Bei ihnen gibt es oft so grausige gesunde Sachen zu essen, wie Hirsebrei mit Sojaersatzfleisch oder *Gemüsegatsch* mit Weizenkeimen. Das ist das Einzige, weshalb sie mir immer etwas leid tat. Ich bekomme ja auch nicht ständig Süßigkeiten, aber ich mag auch nicht immer welche. Lene hingegen frisst das Zeug in sich hinein, bis sie kotzen muss. Das ist wirklich passiert, als ihre Familie Weihnachten bei uns verbracht hat. Meine Mutter hängt immer Schokoschirmchen und Windgebäck zu dem ganzen anderen Weihnachtsplunder auf den Christbaum. Eine Stunde nach der Bescherung war es dann soweit. Lene wurde weiß wie die Wand und rannte auf's Klo. Kein Wunder, denn keines der 24 Schirmchen und der 30 Windräder hingen mehr am Baum. Alles aufgegessen! Von Lene, die zuhause nie etwas Süßes bekommt. Den ganzen restlichen Abend lag sie dann mit Bauchschmerzen im Bett. Gesund kann das nicht sein. Meine Mutter ist, so wie ich, auch der Meinung, dass man sich ab und zu was gönnen darf. Zum Glück!

»Was sollen wir machen?« Dieser Satz reißt mich aus meinen Gedanken. »Ich weiß nicht, warum bist du denn überhaupt gekommen?«, war meine Antwort auf Lenes Frage. »War eh nicht freiwillig! Denn, wer fährt schon im Sommer in diese heiße, stickige Großstadt?« Nicht freiwillig war sie gekommen? Nicht, um mir die Ferien zu vermiesen, war sie gekommen, sondern ihre Eltern hatten sie gezwungen? Also sie meinten, es wäre besser für sie. Und die nächste Stunde hörte ich zu, was Lene mir zu erzählen hatte. Sie berichtete mir, dass sich ihre Eltern scheiden lassen wollten. Und dem nicht genug. Ihre Mutter hatte schon einen neuen Freund kennengelernt, den sie nun heiraten will. Mit dem sich Lene aber

überhaupt nicht versteht, weil er furchtbar ist, ihr Verbote macht und neue Regeln einführt. Sie darf nun nicht mehr vom Stiegengeländer rutschen, nicht mehr ihr Rad im Zimmer reparieren und schon gar nicht mehr laut Musik hören. Stattdessen läuft im Radio ständig grindige Volksmusik, ihre Mutter trägt plötzlich immer ein altmodisches Dirndl, versucht im Dialekt zu sprechen und ist sogar einer Volkstanzgruppe beigetreten. Vollkommen peinlich. Das Schlimmste ist aber, dass ihre Mutter nun bald nicht mehr den gleichen Nachnamen hat wie sie, sondern wie der Volltrottel heißen wird. Am Land weiß das gleich jeder. Auch ihre Mitschüler. Lene hat Angst, dass sie damit aufgezogen wird. Das alles kann ihre Mutter aber nicht verstehen. Darum ist Lene letzte Woche ausgezuckt. Die beiden haben sich angeschrien und sie wurde kurzerhand zu mir nach Wien geschickt, um sich zu beruhigen. Dabei gibt es nichts zu beruhigen! Außerdem wollte Lene in den Ferien eigentlich mit ihren Freundinnen am See zelten. Doch nichts ist mehr in Ordnung in ihrer Welt. Gar nichts mehr. Jetzt kullern Lene Tränen von den Backen. Welche Überraschung! Das perfekte Monster hat eine Seele.
Eine verletzliche sogar. Ich bin baff.

Plötzlich piepsen im selben Augenblick unsere Smartphones. E-Mail. Gleichzeitig blicken wir auf das Display, lesen und schauen uns dann an. Beim Handyvergleich stellen wir fest, dass wir den selben, mysteriösen Text erhalten haben. WTF? Wir sollen ein Geheimnis lüften? Einen Schatz suchen? In Wien? Das kann doch nur ein Scherz sein! Den Absender »WildUrb« kennen wir auch nicht. Bis spät in die Nacht rätseln wir, was die Nachricht zu bedeuten hat. Vielleicht eine Falle? Eine Message an einen Verbrecherring, der an die falsche Adresse ging? Ein Fake? Doch anscheinend gibt es morgen wieder eine E-Mail. Ich bin gespannt wie ein Drahtseil. Und ich glaube, Lene geht es genauso.

Die mysteriöse Nachricht

1. INNERE STADT – UNERGRÜNDLICH WAS DIE ALLES VERBORGEN HAT

Aufgewacht. Sofort fällt mir die mysteriöse Nachricht von gestern ein. Ich zücke mein Smartphone, doch keine neue Nachricht ist eingegangen. Ein bisschen enttäuscht wandere ich in Richtung Küche. Der Frühstückstisch ist gedeckt und ein Zettel von meiner Mutter liegt auf meinem Teller. »Bin bis 18 Uhr in der Arbeit! Bestellt euch was für's Mittagessen! Benimm dich, Ruvi! Bussi Mama« Sonst freuten mich solche Botschaften, denn: Sturmfreie Bude & Pizzatag! Doch mir fiel nichts ein, was man mit Lene unternehmen könnte. Beim Marmeladesemmel streichen änderte sich das schlagartig. Piep. Drei neue Nachrichten waren da. Also eigentlich drei komische Reime:

1. **Im alten Basiliskenhaus**
   machte man dem Ungeheuer den Garaus.
   Besiegt wurde es mit einem Ding,
   glasklar wie ein Diamantring.
2. **Wiens fast vergessenes Verließ**
   einfach »Malefizspitzbubenhaus« hieß.
   Die Gasse wo es stand, trägt das Element,
   das auch über der Türe von Nr. 3 hängt.
3. **In St. Augustin lagern wichtige Körperteile**
   von Habsburgern benutzt vor einer Weile.
   54 gibt es davon in der schlichten Gruft,
   sie lagern in Urnen ganz ohne frische Luft.

Ich sause mit Semmelhälfte und Handy in mein Zimmer, um Lene zu wecken. Ein wenig zu schnell. So weckte nicht ich Lene, sondern das erledigte die dick

❶ OH DU LIEBER AUGUSTIN

Im Griechenbeisl da sitzt er noch. Als Puppe in einem Keller, in den du durch ein Gitter hineinsehen kannst. Markus Augustin, wie der Dudelsackspieler eigentlich hieß, hat in diesem Beisl die Gäste während der dunklen Pestzeit aufgemuntert. Mit Musik und der Geschichte, daß er betrunken in einer Pestgrube geschlafen hat und gesund blieb, weil Fröhlichkeit Krankheiten besiegt.

✉ DAS BASILISKENHAUS

Im 1. Bezirk wimmelt es nur so von alten Geschichten und Sagen. So wohnte anscheinend auch ein Basilisk im Brunnen der Schönlaterngasse 7. Ausgesehen haben soll das Ungeheuer wie eine Mischung aus Hahn, Kröte und Schlange. Der Blick des Tieres war so giftig, daß jeder, den er damit erfasste, sofort verstarb. So wurde beschlossen, den Basilisken zu töten. Allerdings halfen keine Waffen, sondern ein einfacher Gegenstand brachte das Biest dann doch zur Strecke!

Hündlein Ohnefurcht

② IM STEFFL...

Im Mittelpunkt von Wien steht das Wahrzeichen der Stadt – der Stephansdom. Teile davon sind über 800 Jahre alt und es gibt viel zu entdecken. Am besten versteckt ist das »Hündlein Ohnefurcht«, das die Angst von Kindern nimmt. Eine Herausforderung ist die Besteigung des hohen Südturms. Über 343 enge Stufen geht es hinauf. Belohnt wird dein Aufstieg jedenfalls mit einem tollen Ausblick über die Stadt!

bestrichene Seite der Marmeladesemmel. Sie ist ihr mitten ins Gesicht geklatscht. Und Sekunden darauf, mir eine Ohrfeige. Eine weitere Attacke blieb mir erspart, denn sofort halte ich ihr die Nachricht unter ihre mit Marmelade verklebte Nase. Ihre Wut transformiert schlagartig in Aufregung: »Da ist auch ein Plan dabei!« Stimmt. Im Anhang des E-Mails befindet sich eine Karte (dieselbe die du auf der nächsten Seite findest). Ich rausche zum Drucker um den Print zu holen, denn am Smartphone konnten wir fast nichts entziffern. Lene steht schon hinter mir. Ein Blick auf die Karte und uns beiden ist klar, wir müssen zum Schwedenplatz. Katzenwäsche, in die Klamotten von gestern rein und los geht es. Ich kralle mir noch Mutters Kohle vom Tisch und innerhalb

Findest du die 3 Dinge am Stephansplatz? Bestimmt, oder?

gefunden!

Stock im Eisen

Tuch- und Leinenelle

von neun Minuten sind wir schon am Weg Richtung U-Bahn. Lene mampft dabei genüsslich mein Marmeladesemmel-Geschoss. Mir ist das aber eh egal, weil ich hätte es sowieso nicht mehr gegessen. Schließlich hat die Semmel ihr Gesicht berührt. Da hätte es mir nur gegraust. Einmal umsteigen, und wir rattern mit der U1 zu dem auf dem Plan eingezeichneten Startpunkt. Am Schwedenplatz, also noch unten in der U-Bahn Station, gibt es eine kurze Verzögerung. Lene verliebt sich nämlich in die Rolltreppen. Hinauf, hinunter und gegen die Fahrtrichtung wieder rauf. Fast hätte sie unsere Mission vergessen, so angetan war sie von den Dingern. Verrückte Nudel. Die Stationsaufsicht hat sie dann wieder zu Verstand gebracht. Naja, ein: »*Seit's es deppat, es Gfrasta*?!«, rüttelt einen schon ein bisschen wach. Jedenfalls ist sie wieder voll konzentriert und ich zeige ihr nun das Loch, in dem der »liebe Augustin«

❷ ...UND UM DEN STEFFL

Wenn du vor dem Haupttor stehst, siehst du auf der linken Seite zwei Metallstäbe in der Mauer. Das waren Längenmaße für Tücher. Hier konnte jeder Bürger überprüfen, ob seine gekaufte Ware vom Händler richtig bemessen wurde. Auch der Verkäufer konnte bei einem Streit beweisen, dass seine Tücher die richtige Länge hatten, denn im Mittelalter gab es harte Strafen für Betrug. An der rechten Seite des Tors findest du »05« eingraviert. Das war das Zeichen der Gruppe, die für ein freies Österreich und gegen die Regierung von Adolf Hitler protestiert hatte. Gehst du nun bis zum Beginn der Kärntner Straße, findest du ein Stück Holz hinter einer Glaswand. Das ist der »Stock im Eisen«. Über den Stamm gibt es viele Legenden. Am wahrscheinlichsten ist, dass damals am lebenden Baum Nägel eingeschlagen wurden, um sich etwas zu wünschen. So wie heute bei einem Brunnen, in den du Münzen wirfst.

05-Zeichen

MISSION 1
DEIN WEG!

Hier kannst du die Lösungen eintragen!

✉ 1. NACHRICHT

**Im alten Basiliskenhaus
machte man dem Ungeheuer den Garaus.
Besiegt wurde es mit einem Ding,
glasklar wie ein Diamantring.**

				G		

Ha! Das war jetzt recht einfach, denn in der Schönlaterngasse 7 gibt es ein Denkmal, da hält der Bäckerbub den Gegenstand!

✉ 2. NACHRICHT

**Wiens fast vergessenes Verließ
einfach »Malefizspitzbubenhaus« hieß.
Die Gasse wo es stand, trägt das Element,
das auch über der Türe von Nr. 3 hängt.**

S						

Gefunden! Das Gefängnis stand in der Rauhensteingasse 10. Nichts existiert mehr davon, das »Ding« unter Hausnummer 3 aber schon!

✉ 3. NACHRICHT

**In St. Augustin lagern wichtige Körperteile
von Habsburgern benutzt vor einer Weile.
54 gibt es davon in der schlichten Gruft,
sie lagern in Urnen ganz ohne frische Luft.**

			Z		

Ui – ganz schön makaber, wo die Habsburger ihre sterblichen Überreste überall verteilt haben. Unter dem Stephansdom die Gedärme, die Körper in der Kapuzinergruft und hier die...

❸ VERBORGEN IN DER TIEFE

Wenn du den 1. Bezirk durchstreifst, denke daran, dass sich wenige Meter unter deinen Füßen eine riesige, unterirdische Welt befindet. Unzählige tiefe Keller und alte Grüfte gibt es hier. Die berühmtesten sind wohl die Katakomben unter dem Stephansplatz und die Kaisergruft beim Kapuzinerkloster. Eine ganz besondere ist die Michaelergruft. Dort blieb durch die spezielle Gruft-Luft sehr viel erhalten. Nichts für schwache Nerven!

hockt. Also eigentlich sitzt dort nur eine Puppe, der echte ist ja schon tot. Aber beim Griechenbeisl (1) hat man ihm ein Denkmal gesetzt, oder besser ein Loch gegraben, weil er die Pest gut überstanden hat. Ich kannte die Sage und erzählte sie Lene, sie mir dafür, wie die Pest nach Europa kam. Das musst du dir mal vorstellen. Ein winziger Floh war schuld, dass so viele Menschen dahingerafft wurden. Der Floh war zuerst auf mongolischen Murmeltieren und sprang dann auf Ratten über und mit ihm die Krankheit. Und, weil im Mittelalter schon reger Handel mit Asien betrieben wurde, brachten die Schiffe nicht nur edle Stoffe und feine Gewürze mit, sondern auch die infizierten Ratten.

Was da unter der Stadt so alles ist, geht auf keine Kuhhaut: Pestgruben, Grüfte und Folterkammern.

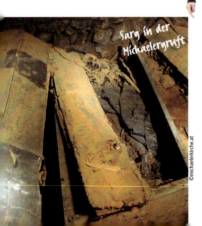

Sarg in der Michaelergruft

Foltergerät für streitsüchtige Frauen

Die steckten dann auch unsere Ratten an. Und Ratten gab es in Wien damals in Unmengen, weil die Leute einfach ihren ganzen Müll auf die Straße warfen. So konnte der Pesterreger im Floh, von den Ratten getragen, ganz gemütlich viele Menschen vernichten. Beim (2) Stephansdom fanden wir dann auch gleich den Beweis, dass es unglaublich viele erwischt haben musste. Ganz mulmig wurde mir in den Katakomben. Lene musste ja unbedingt da hinunter, als wir den Dom erkundeten. Totenschädel und Knochen, wohin du schaust. Dass ihr so was gefällt, habe ich mir gleich gedacht. Während der ganzen Führung hat Lene auch dauernd versucht, ein Stück Knochen mitgehen zu lassen. Zum Glück ist ihr das nicht gelungen. Ganz wohl hätte ich mich nicht gefühlt, wenn das tote Ding in meinem Zimmer gelegen hätte. Lene ist so morbid. Wie ihre Augen glänzten, als der Führer erzählte, dass es nicht

✉ DAS MALEFIZ-SPITZBUBENHAUS

So wurde das erste Kriminalgefängnis der Stadt genannt. Kaum einer der Gefangenen hat je wieder das Tageslicht gesehen, denn es herrschten grausame Zustände in den tiefen, feuchten Kellern. Den Insassen wurden eiserne Ringe um den Leib geschmiedet. Sie lagen auf dünnen Strohmatten und wurden brutal gefoltert, bis sie einfach alles gestanden, auch wenn sie kein Verbrechen begangen hatten. Das Haus (Rauhensteingasse 10) wurde zwar abgerissen, doch die riesigen Kellergewölbe existieren noch und reichen bis unter die benachbarten Häuser.

✉ DIE AUGUSTINERKIRCHE...

beherbergt nicht nur eine Gruft, die du besuchen solltest, um das Rätsel zu lösen, sondern hier waren auch die Totengräber zuhause. Mit Leichen wusste man damals übrigens viel anzufangen. »Totenschweiß« gegen Geschwüre und »Mumienpulver« um das Herz zu stärken, waren nur einige Ideen.

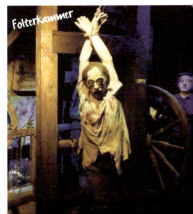

Rathaus

5) RUNDHERUM GEHT'S

Die Ringstraße spannt sich – wie ihr Name schon verrät – wie ein Ring um das Zentrum von Wien. Früher war an ihrer Stelle die Stadtmauer. Vor 150 Jahren begann man sie abzureißen und eine Prachtstraße anzulegen. Entlang dieser entstanden neue Bauwerke wie Rathaus, Parlament, Oper und das Kunst- und Naturhistorische Museum. Das Besondere an diesen Häusern ist, dass sie unterschiedliche Baustile haben, obwohl sie zur gleichen Zeit entstanden sind.

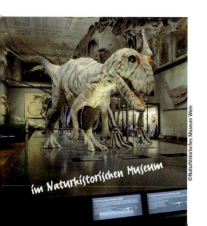

im Naturhistorischen Museum

nur unter dem Stephansdom Katakomben gibt, sondern überall im 1. Bezirk Grüfte für Verstorbene angelegt wurden. Dem nicht genug, es gibt noch massenhaft Kellergewölbe, die teilweise sogar mehrere Stockwerke in die Tiefe führen. Und in einigen wenigen, sind seit schon fast 300 Jahren Lokale untergebracht. Geheimgänge und ein Gefängnis sind auch unter der Stadt versteckt. Es wurde »Malefiz-Spitzbubenhaus« genannt und dort unten wurde gefoltert, was das Zeug hält. Also ich bin froh, dass ich nicht im Mittelalter geboren wurde. Lene könnte ich mir gut in dieser Zeit vorstellen. Sie wäre sicher so eine Folterbraut gewesen, die unschuldigen Jungs die Daumenschraube angesetzt hätte, bis der Finger gebrochen wäre. Ui, jetzt gruselt's mich wieder vor ihr. Ich muss wachsamer sein. Bestimmt fällt Lene bald wieder eine Gemeinheit ein, bei der ich den Kürzeren ziehe. Übrigens, fast hätte ich vergessen zu erzählen, dass wir schon alle drei Rätsel gelöst haben. Das ist alleinig meiner Intelligenz zu verdanken. Die Lösungswörter sind alle in die Karten eingetragen und ich bin mir sicher, dass sie richtig sind. Denn auf meinen Verstand bin ich stolz! Niemand kann mir irgendeinen Blödsinn einreden. Da hat er sich kräftig geschnitten. Es gibt nämlich so eine Sorte von Erwachsenen, die glauben, sie können Kindern alles auf die Nase binden. Bei der Hofburg (4), da war so ein

Kandidat. Ich habe ihm unseren Plan gezeigt und wollte nur wissen, ob wir eh in die richtige Richtung gehen, um unser Ziel zu erreichen. Genickt hat er zwar, aber er hat auch versucht uns einzureden, dass es in der Hofburg spukt. »Weiße Frau«, soll der Geist heißen, weil er immer in weißen, langen Gewändern zu sehen ist. Die unheimliche Dame erscheint anscheinend öfters an Fenstern und in den Gängen der Burg. Und immer wenn sie sich zeigt, passiert etwas Besonderes. Wenn die Frau dabei weiße Handschuhe trägt, ist es ein positives Ereignis, sind es aber schwarze, steht ein Unglück bevor. Bei Lene war der Mann mit dieser blödsinnigen Story an der richtigen Adresse. Den ganzen Komplex sind wir abgelaufen und haben jedes Fenster angestarrt. Weißt du, was das für eine Arbeit ist?! Mehr als 2600 Räume hat das Gebäude. Da kannst du dir ausrechnen, wie viele Fenster das verflixte Ding erst hat. Eine komplett irrsinnige Aktion. Dabei habe ich Lene gleich gesagt, dass der Mann einfach ein Spinner ist. Aber sie muss ja alles genau überprüfen. Das nervt voll, denn Geister gibt es sowieso nicht. Falls sich aber doch irgendwo unheimliche Wesen auf unserem Erdball herumschleichen, ich muss es nicht unbedingt wissen. Darum habe ich die ganz dunklen Fenster auch nicht angesehen. Aber nur einfach so nicht, weil Angst habe ich niemals! Wir haben dann aber doch noch

❹ EINE RIESIGE BURG

Die Hofburg ist einer der größten Gebäudekomplexe der Welt. Geplant war das nicht. Doch im Laufe der Zeit ließen einige Kaiser ihren Regierungssitz durch neue Anbauten und Verbindungsbrücken zu anderen Häusern erweitern. Jetzt müsstest du ungefähr 2600 Räume durchstreifen, um die gesamte Hofburg zu kennen. Ein echtes Labyrinth! Zu Kaiserszeiten war es vor allem die Dienerschaft – von der Amme bis zum Zuckerbäcker – die all diese Räume belebten. Und natürlich die Herrschaften selbst, die sehr prunkvoll lebten. Die »Kaiserappartements« wie sie heute heißen, sind aber nicht das einzige Sehenswerte in der Hofburg. Da gibt es noch das »Sisi Museum«, bestückt mit so fast allem, was der berühmten Kaisersgattin gehörte (sogar einer ihrer Milchzähne wird gezeigt ;-), die »Schatzkammer« mit ihren Kostbarkeiten aus aller Welt und natürlich die »Spanische Hofreitschule«, eine eindrucksvolle Sache für Pferdefans!

Hofburg: Der große Salon der Kaiserin

Burggarten

6 RELAXEN IM ZENTRUM

Zum Entspannen gibt es nach einem Stadtspaziergang im 1. Bezirk auch etwas. Am nettesten, mit seinen schattigen Bäumen und dem kleinen Teich, ist der Burggarten. Auch ein Schmetterlingshaus findest du hier. Dann wäre da noch der Volksgarten mit seinem Theseustempel, der Rathauspark und natürlich der Stadtpark. Genau genommen gehört aber die Hälfte dem 3. Bezirk. Doch wen stört das schon beim Genießen?

ein Gespenst erblickt. Es war allerdings aus Karton und hing friedlich am Fenster vom Sisi Museum. Mittlerweile brennen meine Fußsohlen, als ob ich über heiße Kohlen gelaufen wäre. Zum Glück ist der Burggarten schon in Sicht und ich kann nicht anders, als dort in die Wiese zu fallen. Davon können mich die Schilder auch nicht abbringen, die das eigentlich verbieten. Sollen mich doch die Ordnungshüter abtransportieren. Ist mir völlig egal. Hauptsache ich muss keinen Schritt mehr tun. Aber da hatte ich nicht mit Lene gerechnet. Inzwischen ist sie nämlich die Stufen des Palmenhauses hinauf und hinunter gehüpft und nervt mich jetzt mit ihrem knurrenden Magen. Ok, ein deftiges Essen wäre nicht schlecht und so ziehen wir uns bei der Oper noch eine *Käsekrainer* rein. Zuhause war meine Mutter zwar schon vor uns, doch sie hat Besuch. So konnten wir, ohne etwas berichten zu müssen, ins Zimmer schlüpfen. Ich ließ mich aufs Bett fallen, Lene auf ihres. Wir müssen beide unendlich müde gewesen sein, denn der Satz: »Du, was sollen wir jetzt eigentlich mit den drei gelösten Rätseln anfangen?«, blieb irgendwo zwischen meinen Stimmbändern und den Lippen hängen.

Stadtpark

Auch urbig zum Relaxen: Der Stadtpark. Der Wienfluss trennt diesen übrigens in zwei Teile. Eine Seite gehört zum 1. Bezirk, die andere schon zum 3. Bezirk!

Bouldern im Edelweiss-Center

1. BEZIRK DAS IST URBIG!

Naturhistorisches Museum
Wissenschaft erleben – vom Dino bis zum Hundefloh
Maria-Theresien-Platz, www.nhm-wien.ac.at

Sisi Museum und Kaiserappartements
So haben unsere Kaiser und Kaiserinnen gelebt
Hofburg Michaelerkuppel, www.hofburg-wien.at

Katakomben (St. Stephan)
Ein riesiges Reich der Toten unter dem Dom
Abgang im Stephansdom, www.stephanskirche.at

Michaelergruft (St. Michael)
Außergewöhnliche Gruft – nichts für Ängstliche!
Michaelerplatz, www.michaelerkirche.at

Haus der Musik
Ein tolles, interaktives Klangmuseum
Seilerstätte 30, www.hausdermusik.at

Edelweiss-Center (Österreichs größte Boulderhalle)
Das Paradies für wahre Klettermaxe
Walfischgasse 12, www.edelweiss-center.at

Schmetterlingshaus im Burggarten
Erholung zwischen exotischen Schmetterlingen
Burggarten, www.schmetterlingshaus.at

wienXtra-cinemagic
Kinder- und Jugendkino in der Urania
Uraniastraße 1, www.cinemagic.at

Metalab: Treffpunkt für kreative Köpfe jeden Alters,
die technisch-kreative Projekte umsetzen wollen
Rathausstraße 6, www.metalab.at

Reinhören. Die Klanggalerie im Haus der Musik!

MISSION_02

2. LEOPOLDSTADT – DA BIST DU VOR LAUTER ABENTEUER VÖLLIG PLATT

Die Frage löste sich am nächsten Morgen von selbst, denn der, die oder das WildUrb hat sich gerade gemeldet. Gleichzeitig reißt die neue Nachricht mich und Lene aus dem Schlaf. Also eigentlich der markerschütternde Klingelton von Lenes Handy. Ein gellender Schrei, vermischt mit unheimlichem Gelächter gefolgt von Geheul, wie von Werwölfen oder so. Gestern hatte sie den Ton noch nicht, da bin ich mir sicher. Bestimmt wollte sie mich damit erschrecken. Na, Rache ist süß! Morgen lade ich mir einen viel besseren Signalton herunter und lege mein Smartphone direkt neben ihr *Ohrwaschl*. Die wird sich in die Hose machen! Garantiert! Bei dieser neuen E-Mail sind wieder eine Karte und drei Reime dabei (Seite 29). Was mich besonders freut ist, die heutige Route führt durch den Prater (1+2). Das wird sicher fett! Da schicke ich Lene auf die *Hochschaubahn*. Fünf Mal hintereinander, und sie wird mich auf Knien anbetteln, dass wir doch bitte endlich aussteigen. Leider braucht es immer eine Menge Kohle, für ordentlich viel Spaß im Prater. Leider hat zudem meine Mutter heute vorgekocht und kein Essensgeld hinterlassen. Und nochmals leider, denn Sparmeister bin ich auch keiner. So einer, der irgendwo ein dickes Sparschwein herumstehen hat. Jetzt hoffe ich, dass Lene Geld hat. Denn der Rest von gestern und das bisschen *Schotter*, das ich gerade aus Mutters Jackentaschen

❶ DER PRATER IST GRÜN

Der riesige Praterpark liegt zwischen der Donau und dem Donaukanal. Bevor die Flussarme ihr Betonbett bekamen, war das ganze Gebiet ein feuchter Dschungel. Sogar der Name »Prater« leitet sich aus dem italienischen Wort »prato« ab und bedeutet »Flussau«. Aulandschaften sind Wälder, die von Überschwemmungen stark beeinflusst werden und sehr feucht sind. Der »Untere Prater« ist das heute immer noch. Im Gegensatz dazu der »Obere Prater« – hier gibt es viele trockene Spielwiesen und den...

❷ ... WURSTELPRATER

Das ist zwar nur ein kleiner Teil des riesigen Praterparks, aber sicher der bekanntere. Vor allem für Kinder ;-). Seit dort 1895 der erste Themenpark der Welt »Venedig in Wien« entstanden ist, dreht sich hier alles ums Vergnügen. Heute hat der Wurstelprater rund 250 verschiedene Attraktionen – von der Achterbahn bis zum Zombiehaus.

Prater Auwald

im Planetarium

©Zeiss Planetarium Wien

✉ IM HAUS DER STERNE

Im Planetarium kannst du zwei Dinge tun. Entweder den in eine Kuppel projizierten Sternenhimmel bei einer der vielen Shows betrachten, oder das Pratermuseum besuchen. Das kleine Museum zeigt, wie der Prater früher ausgesehen hat. Dabei triffst du auch auf einen alten Heiratsautomaten, die legendären Zwergerl-Schuhe, den Anzug eines Riesen und jede Menge andere verrückte Dinge.

zusammengesammelt habe, bringen uns nicht recht weit. Doch, wenigstens ist sie heute auch in der Arbeit. Prater ist für Wiener Eltern nämlich ein Reizwort. Eines, das ein Kind nur höchstens zweimal im Jahr aussprechen sollte. Einmal zur Zeugnisverteilung, vorausgesetzt du hast gute Noten, und einmal am 1. Mai, weil dann geht dort sowieso jeder Wiener hin. Schon der Kaiser machte das so. An allen anderen Tagen sehen sich die werten Erzeuger ihres Vermögens beraubt. Da hast du als Kind kaum eine Chance. Doch heimlich geht es manchmal, so wie heute. Außerdem haben wir ja quasi einen Auftrag zu erfüllen, und der beginnt halt zufällig am Praterstern. Mittlerweile sind wir dort auch schon angelangt.

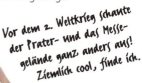

Vor dem 2. Weltkrieg schaute der Prater- und das Messegelände ganz anders aus! Ziemlich cool, finde ich.

Der Praterstern hat einen echt schönen Namen, aber der Platz ist fürchterlich. Da freust du dich schon auf das Vergnügen im Wurstelprater, musst aber vorher noch eine halbe Autobahn überqueren. Lene hat das witzig beschrieben: »Hier fühle ich mich wie auf einer Insel und rundherum schwimmen hunderte Haifische.« Mit den Haien waren die ganzen Autos gemeint, doch wir sind ihnen heil entkommen. Zum Glück gibt es eine Unterführung, die zum Riesenrad (3) führt. Doch zuerst müssen wir zum Planetarium. Das erste Rätsel wollte dort gelöst werden, und es war echt einfach. Neugierig, wie wir beide sind, schlüpften wir ins Planetarium hinein. Doch leider war gerade keine Vorstellung, dafür hatte nebenan das Pratermuseum offen. Ein winziges Museum, aber die Fotos und Gegenstände, die dort ausgestellt sind, haben mich überrascht. Am liebsten hätte ich eine Zeitreise gemacht. Die hatten

❸ EIN WAHRZEICHEN WIENS

Errichtet wurde das Riesenrad 1897 anlässlich des 50. Thronjubiläums Kaiser Franz Josephs. Es war damals das größte Rad der Welt. Acht Gulden kostete zu dieser Zeit eine Fahrt, in einem der 30 Waggons. Fast unbezahlbar, denn das war etwa ein Viertel des Monatsverdienstes eines Beamten. Heute dreht das Riesenrad günstiger seine Runden, allerdings mit viel weniger Waggons. Denn diese wurden nach der Beschädigung im 2. Weltkrieg nicht mehr angebracht und galten lange als verschollen.

✉ TRABRENNBAHN KRIEAU

Auch in Wien kannst du bei Pferderennen zusehen – nämlich in der Kriau (Trabrennbahn). Die Rennstrecke existiert schon so lange wie das Riesenrad. Sie wurde angelegt, weil Ein-, Zweispänner- und Fiakerfahren damals überaus populär geworden war und die Prater-Hauptallee – die frühere Rennstrecke – aus allen Nähten platzte.

Die Pferde »rennen« in der Kriau

MISSION 2
DEIN WEG!

Hier kannst du die Lösungen eintragen!

📩 4. NACHRICHT

**Vor dem Planetarium steht ein Planet,
der sich auch um unsere Sonne dreht,
Dieser Himmelskörper liegt nicht sehr fern
und eigentlich haben wir ihn sehr gern.**

		D	

Ganz klar, welcher Planet das ist! Doch ich glaube, manche können ihn nicht leiden, so wie sie mit ihm umgehen.

📩 5. NACHRICHT

**In der Krieau laufen keine Hunde,
auch keine Katze dreht da eine Runde.
Die Rede ist von größeren Tieren,
die dort rennen wie die Irren.**

	F				

Etwas schwieriger hätte dieses Rätsel schon sein können. Welche Tiere sollen das schon sein, die in der Krieau um die Wette laufen?

📩 6. NACHRICHT

**Wie nennen sich die Bürger dieser Stadt
die das Riesenrad und den Steffl hat?
Bist du auch einer, kannst du es beweisen,
dazu musst du nur zum Toboggan reisen.**

						R

Das Rätsel war eine harte Nuss. Doch auf den gelben Stufen des Toboggan haben wir den Satz gefunden: »A echter ...... rutscht da runter«! Dann war alles klar.

✉ GEMMA RUTSCHN

Im 2. Weltkrieg wurde fast der gesamte Wurstelprater zerstört. Eine der Attraktionen, die wieder originalgetreu aufgebaut wurden, ist der Toboggan. Er gilt heute als die älteste Holzrutsche der Welt und du kannst immer noch die 100 Meter lange Stecke auf einem Jutesack runter rutschen. Ein »Toboggan« ist übrigens eigentlich ein Schneeschlitten ganz ohne Kufen, den die kanadischen Indianer benutzten.

schon 1909 eine unglaublich geile *Hochschaubahn*! Und in Gondeln konnte man auf Kanälen durch ein nachgebautes Venedig schippern und einen kleinen Zoo gab es auch. Doch Bomben im Krieg haben fast alles zerstört. Schade. Wir wandern nun schon eine Zeit lang die Prater Hauptallee entlang und ich entdecke erst jetzt, wie riesig und grün der Prater ist. Naja, viel übrig habe ich sonst dafür nicht, doch die Zirkuswiese gefiel mir. Lene und ich lieferten uns dort ein Jonglierduell. Wir hatten ein paar *Zwetschken* mit und fingen zu üben an, da auch Profis hier ihre Kunststücke zeigten. Jonglieren können wir beide nicht und so ist das Ganze in eine Obstschlacht ausgeartet. Lene rannte irgendwann kreischend vor meinen *Zwetschken*-Bomben durch den halben Prater. Treffen wollte ich sie eh nicht, darum sind die Geschosse auch auf den Boden geklatscht. Mindestens ein Duzent Leute haben uns nachgeschrien, dass man mit Essen nicht spielt, doch ich bin der Meinung, dass auch Tauben ein paar Vitamine brauchen. Völlig außer Atem und vom Lachkrampf geplagt, erreichen wir nun endlich den Wurstelprater. Von weitem klingt er ein bisschen wie Lenes Handy-Klingelton. So, und jetzt wird unsere Restenergie verpulvert, bis Lene schlecht wird!

Bei älteren Attraktionen des Wurstelpraters sitzt oft ein knallrotes Teuferl am Dach!

Kreativ sein im HappyLab!

2. BEZIRK – DAS IST URBIG!

Zeiss Planetarium Wien
Himmelsereignisse miterleben
Oswald-Thomas-Platz 1, www.planetarium-wien.at

Prater Museum
Kleine Ausstellung, aber unglaublich interessant
Oswald-Thomas-Platz 1, www.wienmuseum.at

HappyLab – Laubsägen war gestern!
Ideen umsetzen mittels Lasercutter, 3D-Drucker,…
Haussteinstraße 4/2, www.happylab.at

Wiener Prater (Wurstelprater)
Strandeln im ältesten Vergnügungspark der Welt
15. März bis 31. Oktober, www.praterservice.at

Wiener Kriminalmuseum
Kriminalität hautnah – nichts für Ängstliche!
Große Sperlgasse 24, www.kriminalmuseum.at

Zirkuswiese: Slackline-, Skate-, Tischtennis- und BMX-Anlage sowie eine Picknick- und Jonglierwiese
An der Prater Hauptallee (Anfangsbereich)

Jesuitenwiese: Abenteuerspielplatz und im Winter (ab -2°C) ein künstlich beschneiter Rodelhügel
An der Rotundenallee

Venediger-Au-Park: Spielplätze mit Klettergarten, Street Soccer-, Streetball- und Tischtennis-Anlage
Am Praterstern/Ausstellungsstraße

Augarten: Riesiger Park zwischen zwei Flaktürmen mit viel Spiel-, Sport- und Kulturangebot
Obere Augartenstraße, kultur.park.augarten.org

Gondeln: Wie viele Gondeln hat das Riesenrad eigentlich? Zähl mal, wenn du dort bist.

3. LANDSTRASSE – DORT TRIFFT SICH DIE WELT IM GROSSEN MASSE

Am Abend quetschte meine Mutter Lene aus wie eine frische Zitrone. Doch sie hielt dicht. Nicht einmal als Mutter versuchte, sie mit Schokolade zu bestechen, rutschte es ihr heraus, dass wir im Prater gewesen waren. Nur, dass ich eh nett war und ihr die letzen beiden Tage die Stadt gezeigt hätte, erzählte sie. Dafür muss ich Lene echt einen Pluspunkt zugestehen. Dabei war ihr genauso übel wie mir. Nicht von den wilden Fahrten auf der *Hochschaubahn*, sondern von den zwei *Lángos*, die jeder von uns verdrückt hatte. Diese fettigen, mit Knoblauch bestrichenen Fladen sind echt lecker. Doch zwei auf einmal sind heftig. Da fühlst du dich danach wie eine gestopfte Gans und kannst nur überleben, wenn du in den nächsten Stunden mindestens zwei Liter Wasser nachschüttest. Lene hat es sogar noch geschafft, einen Teller voll von Mutters Essen hinunterzuwürgen. Damit sie nichts merkt. Brav. Sie war allerdings den restlichen Abend kreidebleich. Sogar am nächsten Morgen war Lene noch blass um die Nase, auch als uns die nächste E-Mail erreichte. Heute führt uns das Rätselraten durch den 3. Bezirk. Ich kenne ihn kaum. Klar, im Belvedere waren wir mit der Schule schon mal, aber da war meine Aufmerksamkeit auf Null, wie immer bei so Besichtigungen von faden Sehenswürdigkeiten. Da kannst du nur in den Modus »Schlafwandeln« schalten, um heil hinauszukommen.

❶ KRIEG UND FRIEDEN

Wenn du im Schweizer Garten stehst, fällt dir sicher die riesige, silberne Säule auf. Das ist das »Staatsgründungsdenkmal« und soll an die Gründung der »Zweiten Republik« erinnern. Denn gegen Ende des 2. Weltkriegs war nicht klar, ob es den Staat Österreich noch geben wird. Die damaligen Politiker, hatten aber schnell gehandelt, eine Regierung gebildet und am 27. April 1945 wurde von ihnen Österreichs »Unabhängigkeit« verkündet. Das alles noch bevor der Weltkrieg eigentlich zu Ende war. So wurde der Staat Österreich von anderen Ländern rasch akzeptiert, obwohl wir am Terror Adolf Hitlers und der Vernichtung der jüdischen Bevölkerung aktiv beteiligt waren. Gegenüber der Säule im Belvedere wurde 1955 dann der »Staatsvertrag« unterzeichnet. Österreich war damit offiziell frei und schwor immer »neutral« zu bleiben. Denn Krieg gehört ins Heeresgeschichtliche Museum und das befindet sich auch beim Schweizer Garten.

Arsenal mit Heeresgeschichtlichem Museum

❷ ES BLÜHT UND GEDEIHT...

... so manches bekannte oder exotische Gewächs im »Botanischen Garten«. Dieser gehört zur Universität Wien und in ihm wird geforscht, gelehrt, bedrohte Pflanzenarten erhalten und natürlich kannst du dort auch wunderbar entspannen. Besonders spannend ist die Zone mit den Giftpflanzen und die Kakteengruppe, sowie das Alpinum und der Bambuswald.

Sonst schleichen sich dir nämlich die unglaublichsten Ideen ins Hirn. Und die Strafen der LehrerInnen fallen, nach Umsetzung deines kreativen Streiches, leider ebenso unglaublich aus. Ich verrate jetzt keinen, sonst denkst du vielleicht ich sei ein Kindskopf. So hat mich Lene eben genannt. Nur, weil ich mit ihr im Botanischen Garten (2) nicht »Pflanzen erraten« spielen will. Aber warum soll ich mich freiwillig zum Idioten machen? Das macht niemand, der intelligent ist und weiß, dass seine Mitstreiterin eine Eins in Biologie hat. Am Land haben sie ja fast keine Sehenswürdigkeiten. Die gehen am Wandertag vielleicht immer nur Blumen und Bäume anschauen. Also nein, ich erahne eine böse Niederlage,

Auch Bäume gibt es haufenweise im Botanischen Garten. Bist du gut in Biologie? Dann ist das eine ganz einfache Übung für dich! ;-)

1 Ahorn | 2 Ginko | 3 Birke | 4 Buche

wenn ich mich auf dieses Spiel mit Lene einlassen würde. Sie wusste sogar sofort was »Phyllostachys« ist. Das war heute unser erstes Rätsel (nächste Seite). Aber auch Latein ist nicht meine Stärke. Allerdings, wenn mich wer gefragt hätte, was ein Pandabär so frisst, da wäre die Antwort wie aus der Pistole geschossen gekommen. Das habe ich oft genug im Zoo beobachten können. Obwohl der Botanische Garten echt cool ist, ein bisschen froh bin ich schon, als wir wieder auf der Straße stehen. Dort gibt es nichts, womit ich mich blamieren kann. Dachte ich zumindest, bis ich im Botschaftsviertel ein Spiel vorschlug: »Flaggen erraten«. Wer als Erster erkennt, zu welchem Land eine Fahne gehört, bekommt einen Punkt. Botschaften sind übrigens so Häuser, die andere Länder vertreten und hängen fast immer ihre Flagge vor die Tür. Die ganze Zeit blieb es unentschieden, doch gerade die letzte Fahne habe ich zu spät

✉ BOTSCHAFTEN

Am »Wiener Kongress« im Jahr 1814 wurden nicht nur die Grenzen Europas neu festgelegt (nachdem Napoleons Kriege einiges durcheinandergebracht hatten), sondern auch Botschaften eingeführt. Diese vertreten ihr Land in vielen Bereichen. So werden zum Beispiel in der chinesischen Botschaft die Beziehungen zwischen Österreich und China gepflegt, oder dir ein »Visum« ausgestellt, falls du nach China reisen möchtest. Das Botschaftsgelände, steht übrigens unter besonderem Schutz. Das Gastgeberland darf das Areal nicht ohne Einwilligung betreten oder Festnahmen durchführen.

❸ EIN HAUCH RUSSLAND

Die prunkvolle Kathedrale »zum Heiligen Nikolaus« macht den Anschein, als ob sie direkt aus Moskau nach Wien teleportiert wurde. Zar Alexander III finanzierte dieses Bauwerk, damit auch die russisch-orthodoxe Religion hier ausgeübt werden kann.

5 Eiche | 6 Esche | 7 Kastanie | 8 Linde

Russische Kathedrale

MISSION 3 DEIN WEG!

Hier kannst du die Lösungen eintragen!

📩 7. NACHRICHT

**Vor lauter Bäumen siehst Du nicht den Wald,
die Bäume hier haben eine andere Gestalt.
Dienen zumeist als des Pandas Nahrung,
und dem schmeckt's, sagt die Erfahrung!**

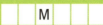

Schwer war es schon diesen 300m² großen Wald, bestehend aus »Phyllostachys« zu finden. Doch den deutschen Namen dafür kennst du sicher!

📩 8. NACHRICHT

**Diese Botschaft kommt dir spanisch vor?
Dann stehst du nicht vor dem richtigen Tor.
Willst Du diese Botschaft verstehen,
musst du ins Land des Lächelns gehen!**

Ich habe es mir schon fast gedacht, dass es das Land mit der langen Mauer ist, das hier gesucht wird. Ich hatte recht, jippi jippi yeah!

📩 9. NACHRICHT

**Auf der Treppe der Jahreszeiten,
siehst du Figuren schon von weitem.
Der jagende November wirkt sehr heiter,
mit Flinte, Horn und seinem Begleiter!**

Im Belvederegarten war ich ganz schön verwirrt, bei diesen vielen Figuren, die da rumstehen. Doch dann habe ich die Statue auf der Treppe und auch welchen Begleiter sie hat, entdeckt!

Oberes Belvedere

④ EUGEN – DER EDLE RITTER

Das »Obere Belvedere« (am Gürtel) und das «Untere Belvedere (Rennweg) sind wohl die schönsten Barockgebäude Wiens. Erbauen ließ sie Prinz Eugen, der berühmteste Feldherr Österreichs. Er stammte eigentlich aus Paris und wuchs bei seiner Großmutter auf, bis er in die österreichische Armee eintrat und seine Karriere steil bergauf ging. Er gewann Schlachten, verhandelte Friedensverträge und finanzierte viele Kunstprojekte.

Staatsgründungsdenkmal im Schweizer Garten

gesehen. Voll ärgerlich. Ich war vielleicht sauer. Eine einzige Fahne! Den ganzen Weg durch den Belvedere Garten war ich *grantig*. Warum muss Lene immer so ehrgeizig sein? Sie hat bestimmt irgendwie geschwindelt, ich muss nur draufkommen wie. Dann wird sie überführt. Von mir höchstpersönlich, Ruven dem Schrecklichen! Doch im Schweizer Garten siegte die Gerechtigkeit. Und das kam so: Lene wollte unbedingt Enten füttern. Doch die Viecher wollten nicht herkommen. Ich habe ihr ja gleich gesagt, dass die vollkommen überfüttert sind. Doch Lene wollte nicht auf mich hören und balancierte auf den Teichsteinen näher zu den Enten. Eine flatterte plötzlich erschreckt auf und mit einem fetten »Platsch« saß Lene mit ihrem Hinterteil im Wasser. Ich konnte nicht anders, als loszulachen. Jetzt war sie voll sauer. Vor allem, als wir mit der Straßenbahn heimwärts rumpelten und ich immer noch von Kicheranfällen geplagt war. Aber es sah einfach so aus, als ob sie sich *angeludelt* hätte. Da kann man einfach nicht ernst bleiben. Schade, dass ich das nicht gefilmt habe, das wäre ein YouTube-Hit!

Berühmtheit erlangte das Belvedere auch dadurch, dass dort der österreichische Staatsvertrag 1955 unterschrieben wurde. Das Denkmal im Schweizer Garten gegenüber erinnert daran.

»Anprobe« im Heeresgeschichtlichen Museum

3. BEZIRK
DAS IST URBIG!

Oberes Belvedere
Größte Gustav Klimt-Gemäldesammlung
Prinz Eugen-Straße 27, www.belvedere.at

Unteres Belvedere
Beeindruckende Prunkräume Prinz Eugens
Rennweg 6, www.belvedere.at

Heeresgeschichtliches Museum: Viele Aktionstage wie Ritterspiele, Schatzsuche, Geisterjagd, Pferdefest...
Arsenal Objekt 1, www.hgm.or.at

Botanischer Garten der Uni Wien
Von Alpenpflanzen bis Gewächse der Tropen
Rennweg 14, www.botanik.univie.ac.at/hbv

LILARUM (3 bis 10 Jahre): Auf märchenhafte Wesen treffen, in Wiens größtem Figurentheater
Göllnergasse 8, www.lilarum.at

Stadtkino Wien
Hochwertige, internationale Filme für Jugendliche
Schwarzenbergplatz 7-8, www.stadtkinowien.at

Schweizer Garten: Liegewiesen, großer Spielplatz, Kinderfreibad, Tischtennis- und Fitnessbereich
Landstraßer Gürtel vom Bahnhof bis zum Arsenal

Stadtpark Wien
Liegewiese, zwei Spielplätze, Ententeich uvm.
Zwischen Parkring und Heumarkt

Wiener Eislauf-Verein: Spaß am Eis von Ende Oktober bis Anfang März (mit Schlittschuh-Verleih)
Lothringerstraße 22, www.wev.or.at

Die süßen Mäuse spielen im Figurentheater LILARUM mit!

4. WIEDEN – HIER KANNST DU DICH IN KLEINE DETAILS VERLIEBEN

Zum Glück ist Lene nicht nachtragend. Nachdem sie unter der Dusche war und danach eine halbe Stunde lang ihre Haare geföhnt hat, setzt sie sich zu mir und macht keine finstere Fratze mehr. Inzwischen hatte ich Zeit gehabt ein bisschen zu grübeln. »Glaubst du eh nicht, dass uns da wer verarschen will und wir ganz umsonst jeden Tag durch die Stadt rennen, Lene?« Sie schaut mich an und meint: »Hm, ich habe auch schon daran gedacht. Aber vielleicht sind die E-Mails gar nicht wirklich für uns, sondern für eine Gangsterbande. Und damit die Polizei nichts checkt, erhalten wir die Mitteilungen. Weil, Verdächtige werden oft überwacht. Und nicht nur sie, auch ihre Handys. So haben sich die Ganoven vielleicht gedacht, sie schicken Kinder los, die für sie die Rätsel lösen und sie dann auch gleich zum Versteck führen sollen. Bei uns schöpfen die *Kiwara* ja keinen Verdacht.« *Na servas*! Jetzt bin ich baff. Irgendwie klingt das, was Lene sagt, logisch. Durch meine Gehirnwindungen schießen sofort zwei Gedanken und sprudeln als Wörter transformiert aus meinem Mund: »Ja, aber dann werden wir wahrscheinlich verfolgt! Lene, sollen wir bei diesem bösen Spiel überhaupt mitmachen?« »Klar machen wir weiter. Jetzt erst recht! Vielleicht können wir nicht nur den Schatz finden, sondern auch eine Gaunerbande entlarven. Wir müssen in Zukunft einfach aufpassen,

❶ WASSERMÜHLEN OHNE BACH

Ganz versteckt zwischen Häuserschluchten kannst du etwas Ungewöhnliches entdecken – eine Mühle. Das Besondere daran ist, dass sie nicht nur steinalt ist, sondern auch, dass weit und breit kein Wasser zu sehen ist. Aber es floss hier wirklich ein Bach vorbei. Die Heumühle war nicht die Einzige, die an diesem Mühlbach gestanden ist, sondern da gab es noch die Schleif- und die Bärenmühle. Sie wurden allerdings abgerissen. Nur die Straßennamen verraten, dass hier einst eifrig gemahlen wurde.

✉ PAPAGENO IM FREIHAUSVIERTEL

Im Gebiet um die Operngasse befand sich einmal das Freihaus. Das war Wiens erste und größte Wohnhausanlage für bedürftige Menschen. Die Anlage hatte auch ein Theater, in dem Mozarts »Zauberflöte« zum ersten Mal aufgeführt und von ihm selbst dirigiert wurde. Ein Reliefbild am Haus der Faulmanngasse 1 erinnert an das Ereignis.

❷ DER DRITTE MANN…

… ist ein Film aus dem Jahre 1948 und zeigt Wien nach dem Zweiten Weltkrieg. Besonders die wilden Verfolgungsjagden durch unser Kanalsystem machten den Streifen weltberühmt. Im 3. Mann Museum erfährst du vieles über den Film und die Nachkriegszeit. Sehr spannend ist auch die 3. Mann Kanaltour. Sie beginnt im Girardipark und führt durch ein Stück Kanal hinunter zum Wienfluss.

ob uns jemand beschattet!« Teufel, das hört sich aufregend an! Ganz sicher bin ich mir jetzt nicht, ob mir das wirklich gefällt. Doch für Lene setze ich nur mein »ach-bin-ich-cool« Gesicht auf und nicke stumm. »Und kein Wort zu deiner Mutter!«, meint Lene, »sie ist zwar recht lieb, doch Erwachsene verbieten immer alles gleich, was ein bisschen abenteuerlich sein könnte.« Ui, ob ich heute einen geruhsamen Schlaf haben werde? Ich bezweifle das stark. So schlecht habe ich dann doch nicht geschlafen und bei der Kettenbrückengasse stehen wir mittlerweile auch schon. Die heutige Rätsel-Route startet nämlich (nächste Seite) dort. Am Weg zur Heumühle (1) beschleicht mich wieder ein Gefühl von Unbehagen und ich muss mich dau-

Bei der 3. Mann-Tour erzählt der Führer auch viel Spannendes über das Kanalsystem.

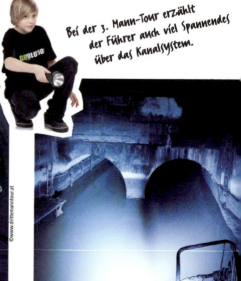

im Kanal

ernd umdrehen. Jemand könnte uns ja auf den Fersen sein. Doch so mitten im Stadtgebiet, ist es nicht gerade einfach einen Verfolger auszumachen. Aber mir fällt gerade etwas Geniales ein. Wir sind nämlich schon fast am Karlsplatz und dort kann man ins Kanalsystem steigen. Also, nicht einfach so – Deckel auf und runter zu den Ratten – sondern es gibt eine Führung. Sie heißt »3. Mann-Kanaltour« (2). Nicht, dass ich so scharf darauf wäre in das feuchte Gewölbe hinabzusteigen, doch wir könnten so besser feststellen, ob uns jemand verfolgt. Lene ist von meinem Vorschlag natürlich sofort begeistert. So dunkle Löcher sind ja ganz nach ihrem Geschmack. Sicher könnte Lene auch alleine in einer Gruft übernachten. Ich möchte echt wissen, wovor sie Angst hat. Das gibt es doch nicht, dass jemand so ohne Furcht sein kann. Na, ich werde sie schon noch durchschauen. Beim Eingang in den Kanal bekommen wir und die anderen TeilnehmerInnen zuerst einen Helm mit Stirnlampe auf den Kopf geklatscht, dann geht es über eine Wendeltreppe in die Tiefe hinab. Zuerst hörte unsere Gruppe etwas über das Wiener Kanalsystem. Zum Beispiel, dass das Kanalwasser seine Farbe wechselt, wenn Fabriken ihre Tanks waschen, oder wie gefährlich die Gase werden können, die sich in den Kanälen bilden. Alles recht interessant. Doch dann erzählte der Führer von ei-

❸ EINE VIELFÄLTIGE KIRCHE

Zum Dank, dass die letzte große Pestepidemie überstanden war, ließ Kaiser Karl VI die »Karlskirche« bauen. Sie ist ein Bauwerk aus der Barockzeit – das verrät vor allem ihre Kuppel – doch sie hat einige andere interessante Details. So hat die Mittelfront die Form eines griechischen Tempels, die Dächer der Seitentürme erinnern an asiatische Häuser und die zwei Triumphsäulen an islamische Minarette.

✉ ACHT RAUCHFANGKEHRER

Bevor der Karlsplatz entstand, führte hier die Elisabethbrücke über den Wienfluss. Auf ihr standen Statuen, die nach der Überdachung des Flusses neben der neu entstandenen Stadtbahnstation platziert wurden. Nur fuhren hier noch Dampfloks und bald waren sie so schwarz, dass sie »Die acht Rauchfangkehrer« genannt wurden. Sie stehen nun sauber vor dem Rathaus. Andere Statuen gibt's auch noch am Karlsplatz!

Karlskirche mit Brunnen

MISSION 4
DEIN WEG!

Hier kannst du die Lösungen eintragen!

📩 10. NACHRICHT

**Die Zauberflöte im Freihaus aufgeführt
und Mozart hat dabei selbst dirigiert.
Sein Papageno ist durch die Welt gegangen,
doch was hat er dabei gefangen?**

Ich kenne die Zauberflöte und da ist es mir
gleich eingefallen! Doch am Haus der Faulmanngasse 1 ist es auch eindeutig zu lesen!

📩 11. NACHRICHT

**Vor dem Wien Museum stehen Statuen,
denn auf dieser Wiese können sie ruhen.
Eine davon heißt »Der letzte Mensch«
es wäre nett, wenn du den Künstler nennst.**

Ein bisschen verwittert war die Schrift schon,
aber ich konnte den Namen noch lesen. Der
Vorname des Künstlers ist übrigens »Anton«.

📩 12. NACHRICHT

**Aus diesem bekannten Haus
strömen unsichtbare Wellen aus.
Du empfängst sie dann durch ein Gerät,
das noch in fast jeder Wohnung steht.**

Habt ihr zuhause auch noch so ein Ding, das
diese Wellen direkt empfangen kann? Oder hörst
du die Sendungen schon über's Internet?

✉ UNSICHTBARE WELLEN...

...verbreitet das Funkhaus Wien in der Argentinierstraße. Hier wird Radio gemacht. Täglich schicken die drei ansässigen Sender – Ö1, Radio Wien und FM4 – ihre Botschaften in die Welt. Auch das Fernsehstudio von »Wien Heute« und das Webradio »Ö1 Campus« sind in dem ältesten Funkhaus Österreichs untergebracht. Bei einer Backstage-Führung darfst du dich übrigens auch mal selbst hinter das Mikro setzen.

nem Film. In dem geht es um einen Mann, Harry Lime genannt, der verfolgt und durch das Kanalsystem gejagt wurde. Auch Filmausschnitte wurden gezeigt, und bei jedem Szenenwechsel wurde mir mulmiger. Denn, ich und Lene werden ja möglicherweise auch verfolgt. Und wenn jetzt einer von dieser Bande hervorspringt, müssten wir auch durch den dunklen, feuchten Tunnel flüchten. Panik! Schreckliche Panik! Alarmstufe Rot! Fünf Minuten länger, und ich wäre Amok gelaufen. Abwechselnd rot und weiss im Gesicht, stand ich endlich wieder auf der Straße. Lene hat mich etwas komisch angesehen. Ich habe ihr erklärt, dass ich es einfach nicht lange aushalte, wenn es wo so stinkt. Die Antwort hat sie geschluckt, obwohl, der Geruch im Kanal war nicht so arg. Nach meinem Anfall kam mir auf jeden Fall jeder Mensch verdächtig vor. Doch Lene meinte, dass wir keine voreiligen Schlüsse ziehen und uns nur alle Gesichter einprägen sollten. Dieses furchtlose Wesen hat gut reden! Als wir im Brunnen vor der Karlskirche (3) unsere Füße baden und etwas herumplantschen, kühlt auch mein Panikbarometer wieder ein kleines bisschen ab.

In Wieden gibt es noch viele kleine Geschäfte mit tollen Sachen zu entdecken. In dem alten Bus kannst du übrigens Bücher lesen!

Lesebus

Wien Museum mit altem Südbahnhof-Schriftzug

4. BEZIRK
DAS IST URBIG!

Wien Museum Karlsplatz
Interessante Objekte erzählen die Geschichte Wiens
Karlsplatz, www.wienmuseum.at

3. Mann-Kanaltour (Mai bis Oktober) ab 12 Jahren
Donnerstag–Sonntag, jede Stunde von 10:00 bis 19:00
Girardipark, www.drittemanntour.at

3. Mann-Museum: Kleine Sammlung zum Film
und zur Nachkriegszeit, Samstag 14:00 bis 18:00
Pressgasse 25, www.3mpc.net

ORF-Funkhaus
Backstage Führungen für alle Altersgruppen
Argentinierstraße 30a, http://backstage.orf.at

Indoor-Spielplatz Wieden: Im Winter kann freitags
im Amtshaus nach Herzenslust gespielt werden
Amtshaus Wieden, Festsaal, Favoritenstraße 18

Made by you: Hier kannst du Keramiksachen
selbst bemalen, brennen und glasieren lassen
Schleifmühlgasse 9, www.madebyyou.at

Lesebus: Londoner Oldtimerbus zu bewundern,
Schulklassen können ihn auch kostenlos mieten
Schleifmühlgasse 11, office@freihausviertel.at

Resselpark: Kleine Spielplätze, Skateboard- und
Scooter-Rampen, großer Brunnen, Adventmarkt
Karlsplatz (Anfang Wiedner Hauptstraße)

Alois-Drasche-Park: Street Soccer-, Streetball- und
Tischtennisbereich, Spielplatz, kleiner Rodelhügel
Alois-Drasche-Park/Ende Kolschitzkygasse

Urbig, Backstage bei Radio fm4!

Irgendwie haben die E-Mails von Wild-Urb System. Auffällig ist das jetzt also schon. Gerade haben wir die Rätselkarte von Margareten erhalten. Verstehst du? Fünfter Tag – fünfter Plan – fünfter Bezirk. Der Absender geht der Reihe nach vor. Ich wette morgen ist dann der 6. Bezirk dran. Mich beschleicht langsam das leise Gefühl, dass uns diese Geschichte durch ganz Wien führen könnte. Doch ich hoffe, wir bekommen nicht wirklich alle 23. Bezirke vorgesetzt. Das packen meine Fußsohlen sicher nicht. Die brennen heute schon wieder, als ob ich über glühende Kohlen gelatscht wäre. Lene meint, das liegt daran, dass wir die ganze Zeit auf Asphaltwegen unterwegs sind. Ihre Füße schmerzen nämlich auch ein bisschen, obwohl sie oft wandern geht und diese Strecken viel weiter sind. Doch bei solchen Touren geht sie auf Wald-, Erd- und Wiesenwegen. Die sind weniger hart als die geteerten Wege in der Stadt. Das leuchtet mir ein. Das Asphaltstapfen ist einfach anstrengend. Bis zum Margaretengürtel (1) haben wir es vorerst aber mit dieser Fortbewegungsart schon mal geschafft. Doch was sind schon wunde Füße gegen einen heftigen Blitzschlag. Mich trifft nämlich gerade einer! Nein, kein kaputtes Stromkabel einer Straßenbahn-Oberleitung hat mich gestreift, sondern es ist ein Synapsenblitz der jetzt durch meinen Körper schießt. Synapsen, das sind übrigens die Dinger zwischen zwei Nerven-

 DER GÜRTEL SPANNT

Wien hat nicht nur einen »Ring« um den Stadtkern, sondern auch einen »Gürtel« um die inneren Bezirke. Zu Kaiserszeiten war er eine Zone, die nicht bebaut werden durfte, um im Kriegsfall Soldaten zu stationieren, die die Innenstadt beschützen sollten. Da sich aber die Kriegsführung änderte – die Angriffe kamen nun aus der Luft – wurde anstatt der Zone, eine Allee angelegt. Entlang dieses »Gürtels« entstanden beliebte Wohnanlagen, doch Lärm und Abgase des wachsenden Verkehrs (6 Fahrspuren) haben viele Bewohner vertrieben.

 EINE MENGE MENSCHEN

Margareten ist der am dichtesten besiedelte Bezirk Wiens. Würde man die Grundfläche verteilen, hätte dort jeder Mensch nur 38m² zur Verfügung. Das ist ziemlich eng und die Straßen sind nicht abgerechnet. Im Vergleich dazu bekäme ein Bewohner Hietzings etwa 770m² Bezirksboden für sich alleine.

Eine Seite des Gürtels

Frische Kräuter im Schloßquadrat

② SCHLOSSQUADRAT

Direkt gegenüber des Margaretenplatzes findest du den Eingang in das Schlossquadrat (neben Cuadro). Du durchquerst dabei auch einen Pawlatschenhof. So nennt man Häuser, deren Wohnungen über den Balkon im Innenhof betreten werden können. Im Durchgang ist auch ein kleines Spiegelkabinett. Das Schlossquadrat ist übrigens ein sehr alter Gutshof aus dem 14. Jahrhundert, der einst den Namen »Niederer Hof« trug.

zellen, die blitzschnell Signale übertragen. Bei mir gab das Hirn jetzt die Signale: »Erstarren, verstummen und knallrot werden«. Denn als ich so hinter Lene stehe, um nach der Wasserflasche in ihrem geschulterten Rucksack zu kramen – dabei muss ich natürlich ihre Haarpracht hochhalten, um etwas sehen zu können – da passiert es. Dort bei den Fußballkäfigen, sitzen doch wirklich meine beiden Kumpels, Boris und Ali. Philipp, der fiese Volltrottel aus meiner Klasse, ist auch dabei. Extrem peinlich. Katastrophe pur! Ich habe weder Zeit, um mich hinter der Bushaltestelle zu verschanzen, noch um Lene einen kräftigen Stoß zu verpassen, damit es sie ein paar Meter weiter weg katapultiert. Sodass es nicht danach aussieht, als ob wir uns kennen würden. Doch zu spät. Längst hatten die Jungs mich bei meiner »Rucksack-kram-Mädchenhaare-antatsch-Aktion« gesehen, und ihr blödes Gekicher war nicht zu überhören.

Pawlatschenhof

»Ruven ist verliebt, haha! Er ist verliebt, hihi!« Erst Lene holt mich aus meiner Starre zurück: »Kennst du die?« Ich nicke nur. Dann geht sie auf Philipp zu, der am lautesten seine blöden Sprüche preis gibt, und baut sich vor ihm auf: »Was ist, du Hornochse? Bist du neidisch, du Pickelgesicht? Wir sind Halbgeschwister und suchen unseren gemeinsamen Vater. Also zu Lachen gibt es da überhaupt nichts. Oder findest du pubertierendes Blümchen das etwa lustig?« Bum. Das hat gesessen. Normal bin ich der Schlagfertige und kann wunderbar verbale *Watschen* austeilen. Aber das war auch nicht schlecht. Sogar gut überlegt! Denn, Lene und ich sind zwar überhaupt nicht verwandt, doch dass ich meinen Vater noch nie gesehen habe, das wissen

❸ KEIN STILLES WASSER

Wenn man ihn so anschaut, erscheint der Wienfluss wie ein kleines Rinnsal in einem viel zu großen Flussbett. Doch stille Wasser können tief werden und der Wienfluss kann, bei starken Regenfällen, in kürzester Zeit um das 2000fache anschwellen. Immer wieder kam es daher in der Vergangenheit zu katastrophalen Überschwemmungen. So bekam der Wienfluss um 1900 zur Sicherheit ein großes Bett durch die Stadt, um keinen Schaden mehr anrichten zu können.

✉ DAS WASSERMÄNNLEIN

Da der Wienfluss, bevor er sein Betonbett bekam, so gefährlich war, wurde den Kindern, um sie von dem Gewässer fernzuhalten, eine Sage erzählt. Denn angeblich lauerte ein graues Wassermännlein im Fluss, um Menschen in die Tiefe zu ziehen. Im Eingang des Hauses »Rechte Wienzeile 71« findest du eine Gedenktafel, die noch etwas mehr erzählt.

Auch ein Gefängnis für besonders harte Kerle gibt es in Margareten. Die Justizanstalt Mittersteig.

Wienfluss im Betonbett

MISSION 5
DEIN WEG!

Hier kannst du die Lösungen eintragen!

✉ 13. NACHRICHT

**Im schönen Bruno-Kreisky-Park
ist es zwar im Winter trist und karg.
Im Sommer doch sind Hängematten die Zier,
nach welcher Farbe suchen wir hier?**

	O	

Das war jetzt echt leicht, denn die Farbe der Hängematten sticht einem sofort ins Auge. Zu einfach diese Frage!

✉ 14. NACHRICHT

**An der Wien, es ist lange her,
da saß ein Männlein auf einem Wehr.
Auf der Tafel steht es geschrieben.
Was hat das Männlein dort getrieben?**

U								

Wenn du vor der Gedenktafel im Hauseingang der »Rechten Wienzeile 71« stehst, kannst du es lesen. Tipp: Es ist das vorletzte Wort auf der Tafel.

✉ 15. NACHRICHT

**Vor vielen Jahren im Nest des Falken,
saß der Hansi vor dem Notenbalken.
Pass gut auf, dreh dich nicht um,
sein erster Hit, der geht hier um!**

				S	⁵		

Lange habe ich gebraucht, bis ich das Haus gefunden habe, doch dann war alles klar! Auch dort gibt es eine Erinnerungstafel auf der das Lösungswort steht. Es ist der ...

Falco-Wohnhaus

✉ **ROCK ME AMADEUS...**
hieß Falcos allergrößter Hit, der sogar am 1. Platz der USA Charts Top 10 landete. Kein anderes deutschsprachiges Lied schaffte das. Falco hieß eigentlich Johann Hölzel und war der einzige Überlebende von Drillingen. Mit nur 41 Jahren verstarb er leider. Der geniale Musiker lebte eine Zeit lang in dem Haus Ziegelofengasse 37, wo er ebenfalls einen ganz besonderen Hit schrieb. Welchen? Na, findet es heraus!

fast alle aus meiner Klasse. Da ist es auch nicht abwägig, dass ich noch irgendwo eine Halbschwester habe. »Sollen wir euch suchen helfen?«, fragt Boris sogar und Ali nickt eifrig. »Passt schon Burschen, ich melde mich!«, sagte ich, gab ihnen einen Handklatscher und zog mit Lene weiter. Den ganzen Wienfluss (3) entlang überlegte ich, ob ich mich bei ihr bedanken soll, doch irgendwie schaffte ich es nicht. Dafür kaufte ich ihr am Margaretenplatz ein Eis. Das war genau das Richtige, denn sie fiel mir vor Freude um den Hals. Eis gehört nämlich auch auf die Liste der »verbotenen Lebensmittel«, die Lenes Eltern erstellt hatten. Ich ließ ihre stürmische Umarmung zu, ohne sie wegzuschubsen. Ein bisschen muss man schon über den Dingen stehen können, wenn einem das Leben gerettet wird, oder?! Nicht auszudenken, wie hart das nächste Schuljahr womöglich sonst geworden wäre. Mein Image hätte sicher stark zu bröseln begonnen. Und passiert dir das einmal, bist du nicht mehr auf der Liste der richtig »Coolen«. Das ist echt schlimm. Ebenfalls schlimm ist, dass morgen das Wochenende beginnt. Das heißt, wir haben meine Mutter am Hals!

Ein ganz besonderes Gebäude ist der Margaretenhof. Wenn du durch seine Allee spazierst, glaubst du eine Zeitreise zu machen.

Chillen in Hängematten
(Bruno-Kreisky-Park)

**5. BEZIRK
DAS IST URBIG!**

Freedom Käfige
Entlang des Gürtels findest du verschiedene Käfige zum Fuß-, Basket- und Volleyball spielen sowie eine Luftburg, diese allerdings nur im Sommer.
Einmal im Jahr finden hier die Spiele der »Wiener Käfigmeisterschaften« statt. Gespielt wird:
> Street Soccer (Käfig-Fußball, 4 gegen 4)
> Streetball (Käfig-Basketball, 3 gegen 3)
> Beach-Volleyball (Beach-Volleyball, 2 gegen 2)
Margaretengürtel, www.kaefigmeister.at

Bruno-Kreisky-Park: Spielplatz und Hängematten, in den Sommerferien gibt`s hier »Open Air Kino«
Bruno-Kreisky-Park, www.film.at

Stadtwildnis Gaudenzdorfer Gürtel: Verkehrsumtoste Grünfläche mit seltenen »Unkräutern«
Bei der U4 Station Margaretengürtel

5erHaus: Viele Kinder- und Jugendangebote von LAN-Parties bis Videodesign-Kurse
Grünwaldgasse 4, www.5erhaus.at

Bluebox (Katholische Jugendkirche)
»Wohnzimmer« mit Wuzzler, Surfstations,...
Wiedner Hauptstraße 97, www.jugendkirche.at

Filmcasino: Kino mit tollen Filmveranstaltungen wie »Kino+Kuchen« oder »sunday afternoon«
Margaretenstraße 78, www.filmcasino.at

Schmähstadl: Comedy-Mixed-Shows mit Comedians aus Österreich und Deutschland
Hamburger Straße 14, www.schmaehstadl.at

Beim Margaretengürtel gibt es Fußball-, Basketball- und Volleyballkäfige. Hier finden auch Meisterschaften statt!

Am Abend haben Lene und ich noch überlegt, welche Ausrede wir finden könnten, um meiner Mutter klar zu machen, dass wir alleine in der Stadt *herumstrandeln* wollen. An Wochenenden fühlt sie sich nämlich immer verpflichtet, etwas mit mir zu unternehmen. Und jetzt, da Lene auch noch hier ist, muss das sicher etwas ganz Besonderes sein. Eine gescheite Ausrede, ohne dass Mutter Verdacht schöpft, haben wir leider nicht gefunden. Ihr kommt es sowieso schon komisch vor, dass ich »so ungewöhnlich harmonisch mit Lene umgehe, und ihr dauernd Sehenswürdigkeiten zeige.« Doch ich habe ihr eine glasklare Erklärung geliefert: »Ich will die Playstation zurück, nämlich am Sonntag, wie versprochen!« Das war so vereinbart. Pro Woche die ich durchhalte, ohne Gemeinheiten von mir zu geben, oder Lene zu ärgern, kehrt eines meiner weggenommenen Geräte in mein Zimmer zurück. Und wie es aussieht, schaffe ich das, denn morgen ist schon Samstag. Als uns in der Früh dann die übliche WildUrb Mail erreichte, fiel mir doch noch ein, wie wir Mutter austricksen können. Ein bisschen gemein, aber meine Idee könnte klappen. Die Karte, die wir heute bekommen haben, führt uns ja durch den 6. Bezirk. Und dort ist auch die Mariahilfer Straße. Eine richtige Einkaufsmeile. Vor allem samstags ist dort die Hölle los. Alle Shoppingwahnsinnigen werfen sich dann nämlich ins Getümmel.

❶ ZEITZEUGEN

Der Turm, in dem das »Haus des Meeres« untergebracht ist, ist nur einer von sechs seiner Art. Diese sogenannten »Flaktürme« wurden im 2. Weltkrieg errichtet, um einerseits von ihnen auf Flugzeuge zu schießen, und andererseits beherbergten sie Luftschutzräume, um die Bevölkerung vor den Angriffen zu schützen. Früher galten diese Türme aus Stahlbeton als unzerstörbar, doch mittlerweile wäre ein Abriss möglich. Doch vielleicht ist es ohnehin gut, wenn die »unheimlichen Riesen« stehen bleiben, als »Mahnmal« an eine ziemlich brutale, grausame und menschenfeindliche Zeit.

❶ SCHWIMMER UND KRIECHER

Im »Haus des Meeres« (Aqua Terra Zoo) findest du Haie, Piranhas, Quallen, Schildkröten und jede Menge an farbenprächtigen Fischen. Auch Terrarientiere (Schlangen und so), ein Tropenhaus und ein Krokipark mit herumlaufenden Äffchen erwarten dich.

Flakturm mit Haus des Meeres

❷ DIE DUNKLE SEITE

Neben dem »Haus des Meeres« findest du auch den Eingang in das Foltermuseum. Zu sehen gibt es dort mittelalterliche Foltergeräte, wie zum Beispiel viele Schandmasken, einen Galgen und eine Guillotine sowie Daumenschrauben und andere makabere Geräte. Auch einen simulierten Fliegeralarm kannst du in dem ehemaligen Luftschutzkeller des kleinen Museums miterleben.

Und wenn wir das auch machen würden, dann könnten wir ja »zufällig« meine Mutter im Gewühl verlieren. Lene hat ein bisschen Skrupel bei diesem Plan. Doch ich versichere ihr, dass wir eh nicht lange brauchen für unsere Mission, und Mutter wird es sicher nicht fad bei so vielen Läden. Und ehe sie sich versieht, werden wir sie wieder treffen. Also bettelt Lene meine Mum an, dass sie unbedingt eine große Einkaufsstraße sehen möchte. Und schwups, sind wir drei auch schon dort, an der Mariahilfer Straße. Kaum blieb Mutter vor einem Schaufenster stehen, tauchten Lene und ich in der Masse unter und suchen das Weite. Wir stehen nun beim riesigen, alten Flakturm (1) und verschnaufen kurz.

Kennst du diese Früchte? Wenn nicht, am Naschmarkt findest du die Antwort und kannst ihnen hier die richtige Nummer zuteilen!

1 Mango | 2 Rambutan | 3 Kiwi | 4 Physalis

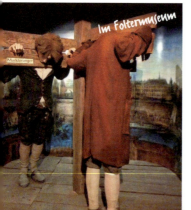

Im Foltermuseum

Den musst du einfach anstarren. Er strahlt so etwas gruseliges aus, besonders wenn du weißt, dass im 2. Weltkrieg darin viele Menschen Schutz gesucht haben und sich sicherlich zu Tode gefürchtet haben. Ich erzähle Lene, dass im Turm jetzt das »Haus des Meeres« (1) ist. Darin gibt es sogar Haie zu sehen, und im Keller ist das Foltermuseum (2) untergebracht. Lene seufzt: »Schade, dass wir es so eilig haben, denn das hätte ich alles gerne angesehen. Und eine Erholung bräuchte ich jetzt auch, nach der überfüllten Mariahilfer Straße! In Menschenmassen bekomme ich immer Panik. Also manchmal sogar richtige Angstzustände.« Angst vor Menschen? Erholung im Foltermuseum? Aber hallo! Dass Lene etwas komisch tickt, wusste ich ja, aber dass sie das Wörtchen »Angst« ausspricht, ist ganz seltsam. Vor allem Angst vor Menschen, was soll denn das sein? Na, ich werde sie irgendwann mal ausquetschen, denn momentan geht

✉ EINE DOPPELTE STRASSE

Die Wienzeile besteht aus zwei Straßen, der »Rechten Wienzeile« und der »Linken Wienzeile«. Das ist so, weil der Wienfuss dazwischen ist. Auch beim Naschmarkt, da fließt er nur unten durch. An der »Linken Wienzeile« findest du das Theater an der Wien und einige Jugendstilbauten von Otto Wagner. Da wäre das Majolikahaus (Nr. 40) mit einer Fassade schön glasierter Fliesen und gleich daneben (Nr. 38) ein Haus mit goldenen Ornamenten. Auch eine Otto-Wagner-Brücke führt über die Wienzeile. Diese ist allerdings ein Stück weiter, in der Nähe der U-Bahn Station Längenfeldgasse.

❸ EXOTISCHES GESUCHT?

Am Naschmarkt werden vor allem Gemüse, Obst und Delikatessen, aus allen möglichen Ländern, angeboten. Er ist der größte Markt in Wien und du bekommst fast alles. Sehr besonders sind die Samstage, denn da findet zusätzlich ein riesiger Flohmarkt statt.

5 Drachenfrucht | 6 Feige | 7 Tamarillo | 8 Sternfrucht

MISSION 6 – DEIN WEG!

Hier kannst du die Lösungen eintragen!

✉ 16. NACHRICHT

**Ein Caféhaus wie im Märchen,
benannt nach einem weißen Pferdchen.
In der Natur kannst Du's nicht sehen,
musst erst vor der Türe stehen.**

| | | | | | R | 6 |

Da ist ein altes Café in der Joanelligasse 7, das trägt den Namen eines Fabelwesens. Du musst nur dieses Tierchen in die Felder eintragen.

✉ 17. NACHRICHT

**Warum zu den Sternen fliegen,
wo sie doch am Boden liegen?
Einer war aus Österreich gar,
wo er wohl geboren war?**

| | | | L | | | | | |

Wir haben diese Sterne gefunden! Darauf sind Musiker verewigt. Gestorben sind alle in Wien, doch nur einer ist auch in Österreich geboren.

✉ 18. NACHRICHT

**Sein Name prangt dort an der Stiege,
die schöne Kunst war seine Liebe.
Viele schöne Dinge er schuf,
doch was war er von Beruf?**

| | A | | | | |

Rauf auf die Rahl-Stiege, da findet ihr eine Gedenktafel die verrät, welchen Beruf Carl Rahl hatte. Irgendwie würde Lene das auch gerne einmal werden.

Semperdepot (Atelierhaus)

✉ EIN BISSCHEN MALEREI

Nicht nur die »Rahlstiege« hat etwas mit Kunst zu tun, sondern auch das »Semperdepot« auf dem Weg dorthin. Ein außergewöhnliches Gebäude, das früher eine Produktionsstätte und ein Aufbewahrungsort für Theaterkulissen war. Falls es offen ist (Lehargasse 6), wirf einen Blick hinein! Nicht nur der Raum ist einzigartig, sondern du kannst dir auch gut vorstellen, wie riesig Kulissen für Oper und Theater sein können.

Einschusslöcher

es im Laufschritt hinunter zum Naschmarkt (3) und ich sollte etwas sparsamer mit meiner Puste umgehen. Wir haben ja noch ein Stückchen Weg vor uns. Doch ich hatte das Gewusel am Naschmarkt nicht einkalkuliert. Zwischen den Obst- und Gemüse-Standln werden Lene und ich sofort auf Schneckentempo heruntergebremst. Tapfer *bugsieren* wir uns zwischen den Einkaufenden hindurch. Von rechts und links fahren die Hände der Standbesitzer aus, die uns Köstlichkeiten unter unsere Nasen halten: »Probieren! Beste Olive von Stadt!« oder »Kosten sie! Schafskäse nirgends besser!«. Brav wie Lene ist, nimmt sie jede Kostprobe entgegen und *schnabuliert* sie von den Zahnstochern, auf denen die Dinger aufgespießt sind. Anscheinend beruhigt das Essen Lene, denn sie jammert nicht über die Menschenmasse. Doch am Ende des Markts offenbart sie mir, dass sie so mit Hinunterwürgen beschäftigt war, dass sie die vielen Leute vergessen hat. Die Wahnsinnige mag nämlich gar keine Oliven. Und Schafskäse hasst sie sogar! Weil sie auf dem Bauernhof mal beobachtet hat, wie ein Schaf in den Melkkübel gepinkelt hat. Igitt! Sie hat alles nur vertilgt, um nicht unhöflich zu wirken. 29 Zahnstocher hält sie in der Hand. Respekt! Aber warum frisst sie aus Anstand Sachen, die ihr nicht schmecken?!

Am Semperdepot siehst du Einschusslöcher aus dem 2. Weltkrieg.

Tauchen im Haibecken (Haus des Meeres)

6. BEZIRK
DAS IST URBIG!

Haus des Meeres
Meeres- und Terrarientiere sowie Tropenhaus
Fritz-Grünbaum-Platz 1, www.haus-des-meeres.at

Foltermuseum
Die dunkle Seite der Menschheitsgeschichte
Fritz-Grünbaum-Platz 1, www.folter.at

Kletteranlage Flakturm: 25 Kletterrouten
am Turm und Boulderbereiche; nur im Sommer
Fritz-Grünbaum-Platz 1, www.oeav-events.at/flakturm

Wien Energie Haus: Dauerausstellung
mit vielen Stationen rund ums Thema Energie
Mariahilfer Straße 63, www.wienenergie.at

Naschmarkt
Leckere Lebensmittel aus der ganzen Welt
Wienzeile (Kettenbrückengasse bis Getreidemarkt)

Flohmarkt (nur an Samstagen)
Altes und Kurioses zum Basteln abstauben
Wienzeile (Kettenbrückengasse bis Steggasse)

Theater an der Wien: Nicht nur Opern ansehen,
sondern gleich mitwirken! (14 bis 21 Jahre)
Linke Wienzeile 6, www.theater-wien.at

Esterhazypark: Tischtennistische und Streetball-
Anlage, kleiner Skateplatz und viele Spielgeräte
Esterhazypark (beim Haus des Meeres)

Alfred-Grünwald-Park: Streetball- und Street Soccer-
Anlage, Seilbahn, Wasserspielplatz, Sonnenliegen
Alfred-Grünwald-Park (Linke Wienzeile 22-36)

Fast wie Spiderman – Klettern am Flakturm im Esterhazypark!

Jetzt haben wir es aber verdammt eilig. Der Naschmarkt hat viel Zeit gekostet und mein Handy bimmelt zum x-ten Mal. Das kann nur eines heißen. Mutter macht sich Sorgen und sucht uns. Wir nehmen schleunigst die Beine unter die Arme und düsen wieder zurück auf die Mariahilfer Straße. In Rekordzeit! Natürlich haben wir dabei nicht vergessen, auch die restlichen Rätsel zu lösen. Nun zücke ich mein Smartphone und schreie »Mutter!« in den Lautsprecher. Sprachsteuerung – ich liebe sie! Ich hatte schon so viel Spaß mit dieser Funktion. Da kannst du Menschen umbenennen. Und wenn du dann zum Beispiel »Blödmann« ins Handy sagst, wählt es die Nummer von Philipp. Also bei mir zumindest. Deine meist gehasste Person, heißt wahrscheinlich anders. Aber egal, jetzt ist Mutter am Hörer. Ich habe eigentlich einen Schreianfall erwartet, doch sie fragt ganz normal: »Wo seid ihr?« Sie ist echt schwer einzuschätzen. Vielleicht hat sie irgendwelche *Fetzen* gefunden und ist deshalb gerade überglücklich. Frauen sind da oft komisch. Auf jeden Fall meinte sie nur, dass wir uns am einfachsten zuhause treffen. Sie kocht dann etwas Feines und wir könnten uns später noch gemeinsam einen Film ansehen. Ui, das muss ein befriedigender Einkaufsrausch gewesen sein, oder sie schluckt heimlich irgendwelche Glückspillen. An-

❸ SHOPPINGWAHN

Drei Schwerpunkte prägen den Bezirk Neubau: Die Kunst, das Handwerk und natürlich das Einkaufen. Nicht nur die Mariahilfer Straße, die eher mit konventionellen Shops gesäumt ist, sondern auch die Seitengassen mit ihren kleinen, liebevollen Geschäften, laden zum Shoppen ein. Schon um 1850 entstanden in Neubau große Kaufhäuser, die allerdings kaum noch im Original erhalten sind. Nur am alten »Warenhaus Herzmansky« (Stiftg. 3) siehst du recht gut, wie Kaufhäuser damals aussahen.

❶ MQ – ACHTUNG KUNST!

Das MuseumsQuartier ist eines der weltgrößten Areale für moderne Kunst mit neun Museen, Ausstellungs- und Veranstaltungshäusern. Zudem ist es auch ein »Schaffensraum« für die dort angesiedelten KünstlerInnen. Also ein Treffpunkt für all jene, die an darstellender Kunst, Architektur, Musik, Mode, Tanz und Theater interessiert sind.

Haupthof im MQ

©Rupert Steiner

MQ – ACTION IN DEN HÖFEN

Ob Sommer oder Winter, in den sieben Höfen des MuseumsQuartiers triffst du sicher auf Leben. Jedes Jahr gibt es viele neue Attraktionen und auch die »Enzos«, so nennen sich die lustigen Sitzgelegenheiten im MQ, wechseln jährlich ihre Farbe. Restaurants, Cafés und Shops sowie eine Boccia- und eine Miniatur-Autorennbahn findest du ebenfalls dort. Auch coole Feste finden manchmal in den Höfen statt!

ders ist dieses entspannte Verhalten meiner Mum nicht zu erklären. Auch am nächsten Tag hielt ihre gute Laune an. Als Lene und ich in der Früh unsere neue WildUrb Botschaft erhielten und ich Mum darauf hin sagte, dass wir ins MuseumsQuartier (1) gehen wollen, gab es keinen Einwand von ihr. Im Gegenteil. Sie meinte sogar, dass wir sicher lieber alleine unterwegs sein wollen und dass sie das versteht. Mich beschleicht die Vermutung, dass Mutter überrissen hat, dass wir gestern nicht rein zufällig verschwunden sind. Auch gut! Hauptsache unserer Rätsel-Tour durch den 7. Bezirk steht nichts im Wege.

Also nichts wie los. Lene staunt nicht

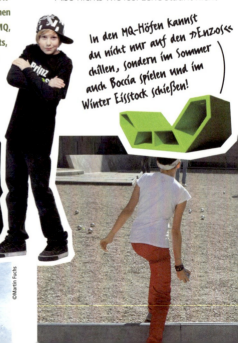

In den MQ-Höfen kannst du nicht nur auf den »Enzos« chillen, sondern im Sommer auch Boccia spielen und im Winter Eisstock schießen!

schlecht, wie viele Höfe das Museums-Quartier hat. Besonders die Enzos haben es ihr angetan. Mir aber auch. So heißen die bunten Bänke, die dort überall rumstehen. Wir *gammeln* uns auf eine und Lene erzählt mir, wie gerne sie in eine Kunstschule gehen würde. Einfach weg und raus aus dem Chaos, das sie daheim hat. Solche Schulen gibt es nur in großen Städten und dann müsste sie nur an Wochenenden nach Hause und den neuen Mann ihrer Mutter ertragen. Sogar im Netz hat sich Lene schon informiert. Kunstschulen haben nicht nur normale Fächer, sondern auch viele Unterrichtsstunden in denen man malt, Museen besucht und etwas über die Geschichte der Kunst lernt. Das würde Lene sehr interessieren. Doch ihre Eltern finden die Idee unvernünftig. Sie reden Lene deshalb ein, dass sie mit so einer Ausbildung nie einen gescheiten Job finden wird und, dass sie lieber etwas Nützliches erlernen sollte. Zum

MQ – REIN IN DIE MUSEEN

Also da gibt es mal das LEOPOLD MUSEUM mit vielen österreichischen Meisterwerken. Dann das mumok – das Museum für moderne Kunst. Daneben die KUNSTHALLE – mit Ausstellungen zum aktuellen Kunstgeschehen. Davor in Halle E+G finden Veranstaltungen aus den Bereichen Musik, Theater & Tanz statt. Extra für Kids gibt es das ZOOM (Kindermuseum) und den DSCHUNGEL WIEN (Theaterhaus für junges Publikum).

Aufführung im Dschungel

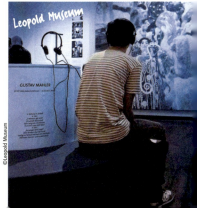

MISSION 7
DEIN WEG!

Hier kannst du die Lösungen eintragen!

✉ 19. NACHRICHT

Dort wo sich im MQ Kinder informieren,
sollst Du dich richtig konzentrieren.
Suche nicht nach irgendwas,
das Codewort findest du hinter Glas.

| | U | | | |

Schau genau! WildUrb hat bei der
wienXtra-kinderinfo im Museumsquartier
eine ganz kleine Spur hinterlassen.

✉ 20. NACHRICHT

Schon seit seiner Gründerzeit,
in diesem Haus ein Handwerker weilt.
Die Goldschmiedekunst beherrscht er auch,
doch welchen Beruf hat er eigentlich drauf?

| | | | | | | | C | | **7** | |

Über dem Eingang dieses winzigen Hauses
kannst du das gesuchte Wort lesen. Auch das
große »Ding« an der Fassade verrät es!

✉ 21. NACHRICHT

Das Gründerhaus sieht man noch stehen,
kann in Gold »Herzmansky« sehen.
Die goldenen Zeiten sind lang aus,
doch was war das einmal für ein Haus?

| W | | | | | | | | | | | |

Da gab es sicher viele schöne Waren in
diesem »Shoppingcenter«. So würden wir es
heute nennen. Doch wie nannte man um
das Jahr 1900 so große Kaufhäuser?

❷ AM SPITTELBERG

Enge Gassen, gut erhaltene Biedermeierhäuser, viele Kunsthandwerksbetriebe und Lokale zeichnen den Spittelberg heute aus. Nicht nur das gesamte Viertel, sondern auch sein Weihnachts- und Kunsthandwerksmarkt sind sehr beliebt. Das war nicht immer so. Bis 1918 lebten dort sehr arme Familien in Einzimmerwohnungen oder Verschlägen unter dem Dach. Kanalisation gab es keine und viele Lokale waren Bordelle.

Kleinstes Haus Wiens

Beispiel Lehrerin, Krankenschwester oder Bankangestellte. Ich kann mir aber Lene bestens als Künstlerin vorstellen! Sie zeichnet ja jetzt schon so wunderschön. Ein wenig leid tut sie mir schon, mit ihrem ganzen Durcheinander zuhause und den Eltern. Die verstehen nicht, dass ein Beruf auch Spaß machen soll. Und Lene als Lehrerin? Also wirklich, die würde den Kindern so viele Gruselgeschichten erzählen, dass die bestimmt einen Psychoschaden bekommen. Oder gar Krankenschwester? Unvorstellbar! Ich sehe ja, wie ihre Augen leuchten, wenn irgendwo ein Foltergerät herumsteht. Ihre Patienten hätten schneller etwas amputiert als ihnen lieb wäre. Unfallchirurgin oder jemand der in Verstorbenen herumstochert, um die Todesursachen zu finden, das wäre eher vorstellbar. Aber Künstlerin, das wäre eh perfekt, denn kreative Ideen hat Lene immer. Wir haben so lange über uncoole Berufe und verrückte Eltern getratscht, dass wir gar nicht bemerkt haben, dass es schon ziemlich spät ist. Schnell machen wir uns auf die Socken, um die heutige WildUrb Mission noch zu vollenden. Vor Einbruch der Dämmerung sollten wir daheim sein – damit Mums positive Laune nicht in *Grant* umschlägt.

Das kleinste Haus Wiens. Auf nur 14m² kannst du viele Meisterwerke der Uhrmeisterkunst bestaunen, die dort betrieben wird.

Trickfilmstudio im ZOOM Kindermuseum

7. BEZIRK
DAS IST URBIG!

MQ – MuseumsQuartier
In den Höfen auf den »Enzos« chillen, Musik hören oder die zahlreichen Programme besuchen:
> Boccia- und Miniatur-Autorennbahn im Sommer
> Eisstockbahn und Eispavillons im Winter
> Spezielle Events für Kids+Teens, wie zum Beispiel:
Kindersonntag im mumok (Atelier 14:00 bis 16:00)
ARCHIKIDS Samstag im Architekturzentrum,
Mathematische Heldensagen im math.space ,...
Museumsplatz 1, www.mqw.at

MQ – ZOOM Kindermuseum (bis 14 Jahre)
Museum zum Mitmachen mit Atelier & Trickfilmstudio
Museumsquartier Hof 2, www.kindermuseum.at

MQ – Dschungel Wien
Theaterhaus für junges Publikum
Museumsquartier Hof 2, www.dschungelwien.at

Hauptbücherei Wien: Auf den Stufen sonnen, oder drinnen gratis lesen – von Comics bis Sachbücher
Urban-Loritz-Platz 2a, www.buechereien.wien.at

cult.café – das Jugendcafé (2 bis 18 Jahre)
Plaudern, lesen, fernsehen, feiern, surfen,...
Neustiftgasse 89-91, www.mk-n.org

Kunsthandwerksmarkt Spittelberg: Einmal im Monat und im Advent stellen KünstlerInnen ihre Werke aus
Spittelberggasse, www.spittelberg-markt.at

Theater am Spittelberg: Familiäres Theater mit vielfältigem Kinder- und Jugendprogramm
Spittelberggasse 10, www.theateramspittelberg.at

Heiße Rennen finden im MQ-Haupthof statt!

Die Überraschung des Abends: Meine Playstation steht wieder im Zimmer. Ohne, dass ich meine Mutter auf Knien rutschend anflehen hätte müssen. Jetzt tippe ich echt auf Glückspillen! Ich muss mal den Badezimmerschrank genauer unter die Lupe nehmen. Denn ein einfacher Shoppingrausch kann nicht so lange anhalten. Oder gibt es sonst noch etwas, das Mütter ausgeglichen machen kann? Lene und ich zocken noch ein halbes Stündchen ein PS-Spiel – sie ist gar nicht so schlecht darin – aber eigentlich sind wir beide in Gedanken schon bei der nächsten Mission. Wo sie uns hinführen wird erahnen wir schon. Nachdem heute der 7. Bezirk dran war, kann es nur die Josefstadt sein. Bingo! Wir hatten recht. Obwohl, WildUrb hat ein bisschen *geschwindelt*. Die heutige Route startet laut Plan beim Rathaus, und das gehört eigentlich noch zum 1. Bezirk. Wie auch alle anderen Gebäude an der Ringstraße. Doch man braucht nur einmal über den Zebrastreifen zu galoppieren und schon liegt einem die Josefstadt, der 8. Bezirk, zu Füßen. Ich weiß nicht viel über diesen Bezirk. Nur, dass er der kleinste Wiens ist, es dort ein sehr berühmtes Theater sowie ein großes Gefängnis (1) gibt. Vor dem stehen wir gerade. Also nicht direkt vor dem Eingangstor, sondern gegenüber, auf der anderen Straßenseite. Ein bisschen versteckt hinter einem parkenden Auto. Direkt vor die Türe trauen wir

 DAS LANDESGERICHT

Das »Landl«, wie es umgangssprachlich genannt wird, hat eine düstere Seite. Denn in den Höfen fanden Hinrichtungen statt. Besonders viele waren es zur Zeit der NS-Herrschaft. 1.184 Menschen, die sich gegen das politische System wehrten, wurden dort enthauptet. An der Außenmauer findest du eine Tafel zur Erinnerung an diese Opfer. Die letzte Hinrichtung fand 1950 im »Galgenhof« statt. 1968 wurde die Todesstrafe in Österreich endgültig abgeschafft.

 GOTIK ODER WAS?

Das Rathaus ist aus der »Gotik«. Nein, es scheint nur so, denn die Epoche in der es erbaut wurde, nennt man »Historismus«. Eine Zeit, in der man auf ältere Stile zurückgriff und diese nachahmte. Friedrich Schmidt, der Erbauer des Rathauses griff dabei auf die »Gotik« zurück. Viele Gebäude der Ringstraße sind übrigens aus dem »Historismus« und ahmen nur einen Stil nach.

Rathaus mit »gotischen« Elementen

③ SO EIN THEATER

Das »Theater in der Josefstadt« das älteste Theater in Wien, das noch bespielt wird. Viele Berühmtheiten haben dort im Laufe der Jahre mitgewirkt, wie Ludwig van Beethoven, Richard Wagner, Johann Nestroy oder Ferdinand Raimund. Doch es ist nicht das einzige Theater im 8. Bezirk – mehr als zehn andere Bühnen findest du dort. So auch Europas ältestes Fremdsprachen-Theater, das »Vienna's English Theatre«.

uns nicht, weil Lene und ich ja vielleicht für eine Gangsterbande unterwegs sind. Und falls uns die Polizei bereits in Verdacht hat, könnten sie uns ziemlich leicht schnappen. Blöd sind wir echt nicht. Die würden uns bestimmt verhören und dann den Schatz selber suchen gehen. Das wäre eine mittlere Katastrophe, wo wir doch schon so weit gekommen sind mit unserer Mission. Eigentlich möchte ich lieber schleunigst von hier verschwinden, doch wer glaubst du, ist wiedermal dagegen? Genau, Lene! Sie will unbedingt einen Verbrecher sehen. Am besten einen, der mit Handschellen vorgeführt wird. Weil es kein Gebüsch gibt, springt sie wie eine verrückte *Gams*, von einem parkenden Auto zum nächsten parkenden Auto und lässt dabei die ein- und ausgehenden *Kiwara* nicht aus den Augen. Gerade kommt ein Wagen mit Blaulicht angebraust. Wie von einer Tarantel gestochen, schmeißt sich Lene jetzt zwi-

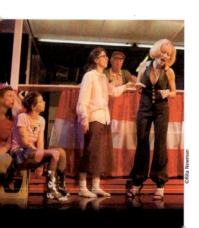

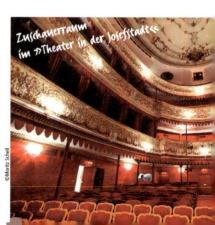

Zuschauerraum im »Theater in der Josefstadt«

schen einen Haufen Zementsäcke, die vor dem Eingang lagern. Ich weiß natürlich nichts Besseres als mich neben sie zu quetschen. »Filme das, Ruven! Schnell!« zischt sie mir zu. Ich zücke mein Smartphone, richte es auf das Polizeiauto und Action! Doch leider spielt sich der Film nicht nur vor, sondern auch hinter uns ab. Denn in diesem Moment werden wir an den Beinen gepackt und mit einem kräftigen Ruck aus unserem Versteck gezogen. Mir stockt der Atem und Lene schlägt wie wild um sich, bis eine tiefe, aber freundliche Stimme zu uns spricht: *»Na, es zwa Narrischen? Wollts an Gauna zur Flucht verhelfen? Mia beobachtn eich scho a Zeiterl über die Überwachungskamera und ham a rechte Gaudi dabei. Oba do bei da Einfahrt is scho*

❷ DAS GNADENBILD

In der Piaristenkirche »Maria Treu« findest du ein berühmtes Bild. Es hängt direkt über dem Hochaltar, und zeigt »Maria mit dem Jesuskind«. Das Original ist in Italien, doch diese Kopie hat eine besondere Geschichte. Die Pest wütete in Wien und der Maler Josef Herz schwor, falls er die Krankheit überleben sollte, nach Rom zu wandern und das Bild für Wien nachzumalen. Er hat die Seuche überlebt und sein Vorhaben in die Tat umgesetzt. Laut seinem Bericht, soll sich dabei sein Pinsel fast von selbst bewegt haben. Die Geschichte sprach sich herum und viele Gläubige pilgerten zu seinem Gemälde um dort für ihre Genesung zu beten.

✉ FEIERN IM UNTERGRUND

In Kellergewölben wurde einst besonders gerne gefeiert und es gab viele Lokale im Tiefgeschoß. Der Piaristenkeller war und ist noch ein solcher Ort. In seinen riesigen Gewölben findest du übrigens nicht nur Wein!

Im Theater haben sie noch Mut zum Hut – kennst du diese Kopfbedeckungen?

1 Fedora | 2 Basecap | 3 Zylinder
4 Westernhut | 5 Fes | 6 Melone

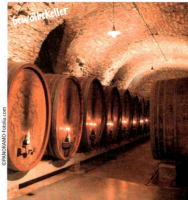

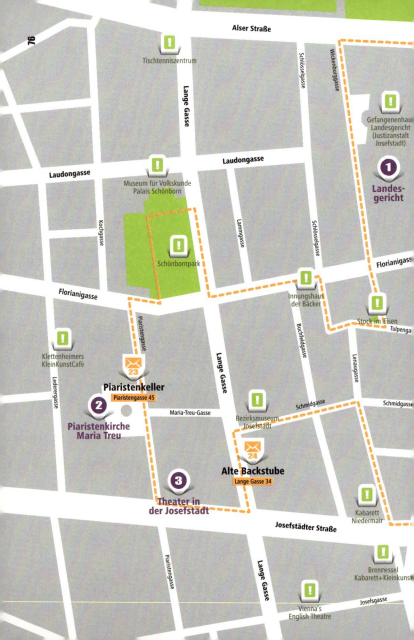

MISSION 8
DEIN WEG!

Hier kannst du die Lösungen eintragen!

📨 22. NACHRICHT

**Hinter dem Rathaus ein Baumeister steht,
um den es sich in diesem Rätsel dreht.
Antwort gibt dir dein Verstand,
die Lösung hält er in der linken Hand.**

			K		

Friedrich Schmidt, dem Erbauer des Rathauses, wurde hier ein Denkmal gesetzt. Den Gegenstand, den er in der Hand hält, kennst du sicher!

📨 23. NACHRICHT

**Im Keller von den Piaristen
gibt's nicht nur Weine in den Kisten.
Der Kaiser war ein armer Tropf,
soviele hatte er auf dem Kopf.**

	Ü			

Tatsächlich! Im Piaristenkeller lagern nicht nur alte Weine, sondern auch ein Museum für ... ist dort untergebracht. Wir haben sie gleich probiert!

📨 24. NACHRICHT

**Ein Haus steht in der langen Gasse,
es sieht alt aus, aber trotzdem Klasse.
Es steht nicht erst seit einer Woche,
wie nennt sich diese Kunstepoche?**

			O	[8]	

»Zur heiligen Dreifaltigkeit, erbaut 1697« steht da auf dem Haus. Zum Glück auch gleich in großen Buchstaben direkt darüber, in welchem Baustil das Haus errichtet wurde.

📨 BROT & BREZELN

Die »Alte Backstube«, auch das Haus »zur heiligen Dreifaltigkeit« genannt, ist das älteste Haus in der Josefstadt. Gebaut wurde es schon 1697 und für 250 Jahre war hier durchgehend eine Bäckerei mit Mehlkammer, Backstube und Verkaufsladen untergebracht. Die Bäckerei ist zwar schon lange geschlossen, doch den Ofen kannst du dir ansehen, wenn du den Besitzer des Lokals, das nun in diesen Räumen ist, fragst.

a bissal zu gfährlich!« Die Stimme gehörte einem dicken, schmunzelnden Wachtmeister. Verdammt, wie peinlich! Hat uns doch glatt die Polizei die ganze Zeit bei unserem Versteckspiel beobachtet. Durch die Kamera! Die haben wir vollkommen übersehen, dabei hängen da eh so viele von den Dingern rum. »Entschuldigung«, stammeln Lene und ich gleichzeitig. Der Polizist grinste wie ein lackiertes *Hutschpferd*, ließ uns los und rief uns noch ein »*brav bleibn!*« hinterher. Nach dieser extra unangenehmen Situation trotteten wir zum Theater in der Josefstadt (3). Erst dort verblasste die Schamesröte aus Lenes und dann auch aus meinem Gesicht. Denn beim Bühneneingang, den nur die SchauspielerInnen und Botendienste benutzen dürfen, wurden gerade echt *schräge* Gewänder und Hüte hineingetragen. Die erwecken natürlich unsere Aufmerksamkeit. So etwas hätte ich *ur* gerne anprobiert. Doch dazu müssten wir uns hineinschleichen, und vom Schleichen habe ich die Nase voll. Da Lene auch keine Anstalten in diese Richtung macht, lösen wir noch das letzte Rätsel und beschließen, in den Rathauspark zu gehen, um ein bisschen zu chillen.

Stadtbahnbögen am Gürtel

Die Josefstadt ist der kleinste Bezirk Wiens. Es gibt hier kaum Grünflächen, dafür viele Lokale und Bühnen! Vor allem bei den Stadtbahnbögen am Gürtel ist abends viel los.

Aufführung im Theater in der Josefstadt

8. BEZIRK DAS IST URBIG!

Theater in der Josefstadt
Tolle Stücke und günstige Karten für SchülerInnen
Josefstädter Straße 26, www.josefstadt.org

Vienna's English Theatre – Showtime (7 bis 18 Jahre)
Musical & Theaterworkshops in englischer Sprache
Josefsgasse 12, www.englishtheatre.at

Museum für Volkskunde (Gartenpalais Schönborn)
Völker und ihre »Dinge«, im Sommer Open Air Kino
Laudongasse 15-19, www.volkskundemuseum.at

wienXtra-spielebox
Brettspielverleih und Spielemöglichkeit vor Ort
Albertgasse 35, www.spielebox.at

Wiens Tischtenniszentrum seit 1932
Billard, Tischfussball und Tischtennis spielen
Lange Gasse 69, www.tischtenniscenter.at

Jugendcafé Roter Kakadu (14 bis 20 Jahre)
Plaudern, relaxen, surfen, Filme sehen,...
Krotenthallergasse 3, www.roterkakadu.at

Rathausplatz (1. Bezirk): Viele Events wie
Christkindlmarkt, Eistraum, Sommerkino, Kirtag,...
Rathausplatz, www.wiener-rathausplatz.at

Schönbornpark: Volleyball-, Street Soccer- und Tischtennisanlage, Spielplätze, viele Sitzgelegenheiten
Schönbornpark (Florianigasse 20-24)

Hamerlingpark: Kleine Picknickwiese, Pavillon,
Tischtennistisch, viele familiäre Veranstaltungen
Hamerlingpark (Hamerlingplatz)

Eistraum, Kirtag, Christkindlmarkt,... am Rathausplatz ist immer etwas los. Er ist zwar schon im 1. Bezirk, doch er grenzt direkt an die Josefstadt.

9. ALSERGRUND – AUF DIESEM BODEN TREIBT ES DIE MEDIZIN KUNTERBUNT

Wir (...) sind dazu geführt word
jene welche das Leben zum To
welche immer wieder die Ern

Sigmund Freud, Jenseits des Lustprinzips, 20

Nie wieder möchte ich so eine peinliche Situation wie gestern erleben. Die ganze Nacht hatte ich Albträume, von Zombies die mich an den Beinen packen und von Polizisten, die darüber lachen. Obwohl ich noch immer völlig von dieser anstrengenden Nacht geschlaucht bin, möchte Lene unbedingt schon los. Sie hat manchmal überhaupt kein Fünkchen Feingefühl. Lustig fand ich die Art nämlich nicht, wie sie mich weckte. Von mir aus kann sie mich ja hin und wieder ärgern, doch mich nach so einer harten Nacht an den Füßen zu packen, um mich aus dem Bett zu zerren, ist echt fies. Blöde Nudel. Falls ich mal einen Herzinfarkt bekomme – die Schuldige ist Lene. Ok, sie hat sich auch etwas erschreckt, als ich sie daraufhin angesprungen bin und sie erwürgen wollte. Aber ich dachte in diesem Moment wirklich, dass sie so ein grausiger Zombie aus meinem Traum ist. Gekreischt hat sie jedenfalls wie ein Opfer aus einem Horrorfilm. Wahrscheinlich hatte ich auch einen ziemlich irren Blick drauf. Aber selber schuld, wenn sie mich auf diese Art weckt. Doch jetzt bin ich wieder halbwegs bei Sinnen und gehe die heutige Missions-Karte ausdrucken, die schon per E-Mail eingetrudelt ist. Dabei sticht mir ein Wort auf dem Plan sofort ins Auge: Narrenturm. Ui, können wir uns dort vielleicht noch mehr zum Narren machen als gestern? Was wohl dort drinnen ist? Hoffentlich nicht lauter

❶ EINE »VOTIVGABE«

Kaiser Franz Joseph I. überlebte ein Attentat, das der Schneider Libenyi durchführte. Zum Dank für die Rettung rief man zu Spenden auf. 300.000 Bürger beteiligten sich und die Votivkirche entstand. Ihr Name stammt von dem Wort »Votivgabe« ab, das bedeutet »Geschenk zum Danke«.

✉ SIGMUND-FREUD-PARK

In den Liegestühlen dort kannst du relaxen, doch es gibt auch etwas zu entdecken. Zum Beispiel den »PaN-Tisch« – ein Symbol für freundschaftliche Gespräche mit anderen EU-Ländern, wie auch den »EU-Baumkreis«. Da wir schon bei Gesprächen sind, solche hat Sigmund Freud, nach diesem der Park benannt ist, haufenweise geführt. Der revolutionäre Arzt ist der Begründer der »Psychoanalyse« und hat mit seinen Theorien weltweite Berühmtheit erlangt. Mehr von ihm erfährst du im Freud Museum (Berggasse 19), wo er auch lebte und arbeitete.

PaN-Tisch im Sigmund-Freud-Park

Hof 1 im Alten AKH

② ZENTRUM DER MEDIZIN

Das »Alte AKH«, ein ehemaliges Armen- und Invalidenhaus, wurde von Joseph II., der über die dortigen Zustände bestürzt war, um 1783 in ein für damals hochmodernes Krankenhaus verwandelt. Viele berühmte Ärzte, die Nobelpreise bekamen, forschten und arbeiteten darin. Als auch dieses Gebäude veraltete, wurde das »Neue AKH« errichtet. Das sind die beiden großen Türme, die schon von weitem zu sehen sind.

Leute, die so irre sind wie Lene? Naja, ich werde es ja bald wissen. Unsere Schuhbänder sind schon geschnürt und die Frisur sitzt. Also, nichts wie los! So verrückt wie der Tag begonnen hatte, ging er dann auch weiter. In einem der Innen-Höfe des Alten AKHs (2) trafen wir nämlich wieder meine Kumpels, Boris und Ali. Komisch, wie klein Wien sein kann. »Sucht ihr noch immer euren Vater?« Boris hatte also tatsächlich die Ausrede von Lene geschluckt. »Ja, wir vermuten ihn im Narrenturm« (3). Das war eine saudumme Antwort von mir, so im Nachhinein gesehen. Doch das war der Ort, den ich mir gemerkt hatte und der die ganze Zeit über in meinem Kopf herum gespukt ist. Und in der Aufregung sprudelte das einfach so aus mir heraus.

Die beiden Türme des Neuen AKHs sind schon von weitem sichtbar! Es ist übrigens das größte Krankenhaus Europas!

Altes AKH

»Was macht er denn dort?«, fragte Ali erstaunt. Lene und ich zuckten mit den Schultern und drückten uns so vor einer Antwort. Wir hatten ja überhaupt keine Ahnung, was der Narrenturm ist. Auf jeden Fall wollten Boris und Ali uns begleiten. Sie besuchten gerade die Sommeruni für Kinder im Alten AKH und hatten gerade Pause und Lust auf etwas Abwechslung. So kamen die beiden mit. Als wir dann etwas später vor dem gigantischen Turm standen, war mir gleich klar, dass darin sicher niemand wohnt. Und ich hatte Recht. In dem Gebäude ist heute ein Museum untergebracht. Wir besorgten uns Eintrittskarten, gingen zu viert in den Turm hinein und kamen nach nur fünf Minuten zu dritt wieder heraus. Ali rannte schnurstracks auf die Wiese und kotzte sich die Seele aus dem Leib. »Ist dein Vater unter den Toten oder ist er ein Pathologe?«, fragte er mich, als er sich etwas erholt hatte. Boris und mir war es

❸ DER »GUGLHUPF«

Joseph II ließ nicht nur das »Alte AKH«, sondern auch den »Narrenturm« errichten. Der Turm, auch »Guglhupf« genannt, war das weltweit erste Spezialgebäude zur Behandlung von »Geisteskranken«. 1784 eine Revolution, heute ein Gruselkabinett. Die Patienten hausten in kargen, kalten Zellen und wurden mit Elektroschocks, oder anderen grausamen Methoden behandelt. Heute siehst du im »Narrenturm« Praxen und Gerätschaften der damaligen Ärzte sowie eine Sammlung an »Feuchtpräparaten«. Nichts für schwache Mägen und Nerven! Doch es gibt auch eine »Architekturführung« durch den Turm. Hier erfährst du viel über Zahlenmagie, denn dieses Wissen war dem Kaiser Joseph II wichtig und wurde beim Bau berücksichtigt. Auch der erste Blitzableiter der Welt wird dir gezeigt, doch auch darauf hingewiesen, dass er eher dazu errichtet wurde, um Blitze einzufangen und die dadurch gewonnene Elektrizität zu nutzen.

Seziertisch im Narrenturm

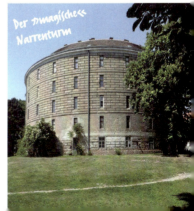

Der »magische« Narrenturm

MISSION 9
DEIN WEG!

Hier kannst du die Lösungen eintragen!

📧 25. NACHRICHT

Die EU-Beitrittsländer noch ganz frisch,
sitzen dort an einem großen Tisch.
Hier sitzen Esten, Letten, Tschechen,
doch wer sitzt Zypern zur Rechten?

Im Siegmund-Freud-Park steht ein echt riesiger Tisch, da kam ich mir daneben mickrig vor. Doch das gesuchte Land habe ich dort gefunden!

📧 26. NACHRICHT

Der Guido war gewiss kein Knecht,
die Statue steht dort zurecht.
Die Kunst die Menschen zu durchschauen,
konnte er in Geräte einbauen.

Seine Statue verrät so viel, dass mir beim Anschauen schon klar wurde, mit welcher Technik sich der Guido Holzknecht beschäftigte.

📧 27. NACHRICHT

Der Mond spiegelt sich in den Becken,
gewundene Stiegen gilt's zu entdecken.
Der Dichter war ein Tausendsassa,
aber welches Tier spuckt das Wasser?

Rauf, runter, alles abgecheckt! Es spuckt nur ein Tier Wasser auf der Strudlhofstiege. Zuerst dachte ich allerdings es ist ein Frosch, doch...

Strudlhofstiege

✉ MEHR BERÜHMTHEITEN

Nachdem du auch noch das Denkmal von »Guido Holzknecht« – einer der vielen Ärzte, die an den Folgen ihrer »Selbstversuche« gestorben sind – begutachtet hast, reicht es dir sicher mit der Medizin. Dann ab auf die Strudlhofstiege. Die ist nicht nur berühmt, weil sie ein tolles Bauwerk ist, sondern es auch einen Roman gibt, in dem sie vorkommt. Sogar einige Filme wurden hier gedreht!

auch nicht recht wohl in der Magengegend. »Quatsch keinen Unsinn! Ruvens Vater kann nicht als Ausstellungsstück darin stehen. Die Präparate sind ja viel zu alt dafür. Er wird halt da drinnen arbeiten.« Boris, logisch wie immer, antwortete für mich. Tja, im Narrenturm ist unter anderem die Pathologisch-Anatomische-Sammlung untergebracht. Da sind Körperteile und Organe in Gläsern ausgestellt. Auch Wachsnachbildungen kranker Körperstellen sind dort zu sehen. Vor allem wichtig für Medizinstudenten, die darüber Bescheid wissen müssen. Doch Ali, Boris und mir, hat der Anblick der Dinge unseren Mageninhalt durchgemischt. Nur Lene ist noch drinnen. Typisch! Wahrscheinlich macht sie neben der eingelegten Riesenleber und dem Bein mit den Pestbeulen eine Erholungspause, von den vielen Leuten außerhalb des Museums. Zum Glück mussten Boris und Ali wieder zurück zu ihrer Sommeruni, denn ich hatte echt keine Lust, mit ihnen über meinen toten, lebendigen oder was-auch-immer-Vater zu diskutieren. Weil, das ist ein heikles Thema.

Müllverbrennungsanlage Spittelau

Fast ein Wahrzeichen: Die Fassade der Müllverbrennungsanlage Spittelau hat der österreichische Künstler »Hundertwasser« gestaltet. Sie sieht nun wie ein Palast aus!

Im Sommer kannst du auf der Kinderuni studieren!

9. BEZIRK
DAS IST URBIG!

Altes AKH – Uni Campus
> Große Freiräume zum Picknicken, Radfahren,…
> KinderuniWien (im Juli), Info: www.kinderuni.at
> Wissenschafts-Spielplatz (Hof 2 und Hof 7), Spielplatz (Hof 1), Kulturfeste im Sommer und Weihnachtsdorf im Winter, Alser Straße 4

WUK: Urbige Events sowie Workshops in denen du deine kreativen Ideen umsetzen kannst
Währinger Straße 59, www.wuk.at

Narrenturm: Empfehlenswert für dich ist die »Architekturführung« durch den Turm (Anmeldung!)
Uni Campus, Spitalgasse 2, www.narrenturm.at/ZEN

Sigmund Freud Museum: Praxis, Wartezimmer und Privatwohnung von Sigmund Freud erkunden
Berggasse 19, www.freud-museum.at

Geldmuseum – Österreichische Nationalbank »Goldige« Führungen ab 10 Personen
Otto-Wagner-Platz 3, www.geldmuseum.at

Pier 9 - Klettern mitten in der Stadt Kletter- und Betonboulderwand (Outdoor)
Spittelauer Lände 12, www.kletterhallewien.at

Skateanlage Arne-Carlsson-Park: Am Aufgang zum Skaterplatz dürfen Graffitis gesprayt werden!
Währinger Straße/Spitalgasse

Donaukanal: Generationenpark, Spielplatz, WienerWände (Sprayen erlaubt) und Sportkäfige
Donaukanal, Höhe Roßauer Lände

Outdoor klettern und bouldern direkt am Donaukanal (Pier 9)!

MISSION_10

10. FAVORITEN – UM ERHOLUNG MUSST DU HIER NICHT LANGE BITTEN

Ich habe ihn nämlich noch nie gesehen. Also meinen Vater. Und er mich auch nicht, weil er das nie wollte. Als ich noch jünger war, habe ich ihm Briefe geschrieben, doch eine Antwort kam nie. Das war ganz schön bitter. Jetzt bin ich nur noch extrem zornig auf ihn. Was hat jemand für ein Problem, der sein eigenes Kind nie sehen will? Ich habe mich schon mehrmals mit Philipp geprügelt, weil er mich mit diesem Thema oft provoziert. »Klar, dass dich dein Dad nicht will, so blöd wie du bist!« Und auch andere idiotische Sprüche bekomme ich von ihm zu hören. Das wirklich Gemeine daran ist aber, dass ich dann so wütend werde, dass ich einfach auf ihn losgehen muss. Und die Lehrer? Ja, die halten natürlich zu ihm, weil sie hören ja nie was für Gemeinheiten aus seinem Maul kommen. Im letzten Schuljahr durfte ich sogar manchmal nicht mitturnen, weil ich angeblich eine Gefahr bin. Ja, für Philipp und seine Bande vielleicht. Aber sonst? Ich glaube, ich kann schon lieb sein, nur sollen die mit ihren doofen Sprüchen aufhören. Hätte ich einen richtigen Vater, würde der es den Burschen schon zeigen! Eine Mutter nehmen die ja nicht ernst. Außerdem wäre es mir peinlich, wenn Mum etwas sagen würde. Ich will doch kein Weichei sein! Was soll's. Lene und ich liegen nun gerade entspannt auf einer Wiese im Kurpark Oberlaa (1) und lassen uns die Sonne auf den Bauch scheinen. Echt lässig ist es hier. Nach

❶ GLANZVOLLE ZEITEN

Bevor der Kurpark Oberlaa entstand, wurde auf diesem Gebiet Lehm abgebaut und damit Ziegel hergestellt. Um 1920 wurde die Produktion unrentabel und die Ziegelwerke stillgelegt. Zurück blieb eine »Industriewüste«, die ideal als Kulisse für Filme war. 60 Spielfilme wurden pro Jahr gedreht und sie waren damals erfolgreicher als Produktionen aus »Hollywood«. Den Filmteich gibt es noch im Kurpark Oberlaa, doch die glanzvolle Zeit fand mit dem Tod des Gründers Sascha Kolowrat ein Ende. Später wurde auf dem Gebiet Müll abgelagert, es drohte auszutrocknen. So beschloss die Stadt das Gelände zu retten, indem sie dort die »Wiener Internationale Gartenschau 1974« (WIG74) veranstaltete. Architekten aus verschiedenen Ländern beteiligten sich an dem Projekt. Wieder »glänzte« das Gelände und 2,8 Millionen Besucher zählte diese erfolgreiche Gartenschau. Danach wurde das Areal zum Kurpark Oberlaa umgewandelt.

Im Kurpark Oberlaa

Gefräßige Ziegen ;-)

📧 DURCH DEN KURPARK

Wenn du heute durch den Kurpark Oberlaa schlenderst, findest du immer noch tolle Sachen. Skateareal, Boulderwände, Riesenschaukel, Beachvolleyballplatz, Streichelzoo, Bauernhof und drei Spielplätze erfreuen Kinderherzen. Auch Allergie-, Stauden- und Japanischer Garten sind interessant. Oder du tollst einfach durch die Gegend und entdeckst Überbleibsel aus der Zeit der Gartenschau 1974.

der gestrigen Tour, die recht lange und – durch die eingelegten Körperteile im Narrenturm – auch ein bisschen grausig war, tut die Ruhe hier mal wirklich gut. Wir haben aber auch heute schon einiges gemacht. Zuerst sind wir durch halb Favoriten (3) gekurvt. Arg, wie groß der 10. Bezirk ist. Dann, ein Stück nach dem Kurparkeingang, haben Lene und ich eine coole Riesenschaukel getestet. Das war unglaublich. Grenzgenial. Noch nie bin ich so hoch geschaukelt. Kennst du diesen kurzen Moment, wenn du schon ganz oben bist und die Schaukel gerade noch nicht zurück schwingt? Dieser Bruchteil einer Sekunde, das ist das Beste! Da glaubst du, du kannst fliegen. Diesen Augenblick, in dem du dich so frei fühlst, nennen Lene und ich »Mu«. Und so haben wir in

Im Kurpark Oberlaa stehen witzige Dinge herum. Mach dich auf die Suche!

☐ gefunden!

☐ gefunden!

diesem Moment immer ganz laut »Mu« gebrüllt. Die anderen am Spielplatz haben wohl gedacht, wir halten uns für Kühe. Doch, »Mu« ist etwas anderes. Ich habe einmal ein Buch gelesen, in dem war beschrieben, dass auf der Erde Ausserirdische landeten und den Menschen geschaffen haben. Irgendwie haben sie ihre Gene mit denen von Affen gemischt und heraus kam der Mensch. Abgedreht. Diese Aliens sind immer in einer Kugel auf der Erde herumgeflogen. Ihr Gefährt nannten sie »Mu«. In dem Buch war das fliegen in der Kugel so schön beschrieben, dass für mich Momente, in denen man sich ganz frei fühlt, seit dem »Mu« heißen. Lene hat das Buch auch gelesen und hat sofort gewusst, warum ich auf der Schaukel »Mu« brülle. »Mu« ist super, probier das auch einmal! »Bäääh« übrigens auch, aber das haben nicht wir geschrien, sondern die Ziegen beim Streichelzoo. Die waren vielleicht gefräßig.

 ### GRAU UND GRÜN
Favoriten ist der bevölkerungsreichste Bezirk, fast jeder 10. Wiener wohnt hier. Doch zwischen den dichten Wohngegenden und dem vielen Autoverkehr liegen riesige Erholungsgebiete. Das größte Areal ist das des »Laaer Bergs«, in dem sich auch der Kurpark Oberlaa befindet. Am Osthang des »Laaer Bergs« (die Stelle heißt Goldberg) kannst du mit ein bisschen Glück süße Ziesel entdecken oder Weintrauben naschen.

 ### HEILWASSER
Vor zirka 36 Jahren wurde in Wien-Oberlaa die erste Schwefelquelle entdeckt, die nun gemeinsam mit einer Neueren, in der Therme Wien Med als »Heilquelle« verwendet wird und in gefilterter Form die Becken der Therme füllt. Das schwefelhaltige Wasser hat eine besondere Wirkung. Es ist entzündungshemmend und tötet Krankheitserreger ab. So heilen Wunden schneller und viele Hautleiden können gelindert werden.

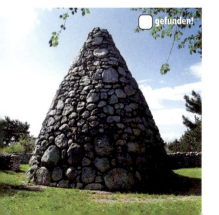

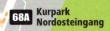

Kurpark Nordosteingang

Musterhaus-Anlage

Bauernhof

Goldberg

Laaer Berg Osthang

Brunnengarten

Schilfhütte

MISSION 10 — DEIN WEG!

Hier kannst du die Lösungen eintragen!

✉ 28. NACHRICHT

**Hier gibt es Gärten aller Arten
und auch einen Klettergarten.
Wie man es nennt, weißt du bestimmt,
wenn man die Wand waagrecht erklimmt.**

B									

Lene ist ein Kletterfan. Doch weißt du auch, wie das Klettern ohne Seil und Gurt an Kletterwänden in Absprunghöhe heißt?

✉ 29. NACHRICHT

**Drei Eingänge von sechs Kugeln bewacht,
mit einem Konstrukt aus Glas überdacht.
Die Wände hat man zur Hälfte vergessen,
was wird an dieser Station gemessen?**

						E	

Echt ein interessantes Gebilde, vor allem bei dem heutigen Sonnenschein. Doch hast du eine Ahnung, wie das … morgen wird?

✉ 30. NACHRICHT

**Folge stetig dem Weg auf dem Plan,
dann kommst du zum Garten aus Japan.
Voller Vielfalt sind hier die Samen,
weißt du aus welcher Stadt sie kamen?**

			K				

Also bei diesem Rätsel musste ich passen. Doch als ich vor dem »Japanischen Garten« stand, hat mir die Tafel dort alles erklärt!

Wienerberg mit den Lehmteichen

HARTE ARBEIT

Nicht nur am »Laaer Berg«, sondern auch am »Wienerberg«, heute ebenfalls eine Grünoase Favoritens, standen einst Ziegelwerke. Es herrschten dort furchtbare Arbeitsverhältnisse. Männer, Frauen und auch Kinder, mussten täglich bis zu 16 Stunden arbeiten. Geschlafen wurde in überfüllten, schmutzigen Hütten auf Stroh. Die ArbeiterInnen wurden »Ziegelböhm« genannt, da die meisten aus Böhmen kamen.

Spinnerin am Kreuz

Ich habe vor dem Gehege Löwenzahnblätter gepflückt, Lene ein paar Grashalme, und so schnell konnten wir gar nicht schauen, war alles weggefressen. Eine Ziege hat sogar versucht mein T-Shirt zu verspeisen. Es war danach ganz feucht von dem Ziegen-Schlaatz. Darum habe ich es neben mich in die Sonne gelegt, als wir beschlossen hatten, uns auf der Wiese auszurasten. Jetzt ist das *Leiberl* trocken. Es stinkt zwar noch nach Ziege, aber Lene meint, dass Ziegen gut riechen. Tja, wenn sie meint. Voll aufgewärmt, schnappen wir unsere Rucksäcke und marschieren weiter. Beim japanischen Garten wartet noch ein Rätsel auf uns. Doch so schwer wie das erste von heute, ist es nicht. Lene sagt zwar, die Kletterart heißt Bouldern, doch ganz vertrauen tue ich ihr nicht. Dieses Wort habe ich noch nie gehört! Obwohl, Lene ist ja bei einem Kletterverein und meistert sogar alpine Klettersteige. Darum trage ich das Wort jetzt trotzdem ein. Sonst wäre das der erste Plan auf dem eine Antwort fehlt.

Die »Spinnerin am Kreuz«. Diese alte Säule am Wienerberg markierte einst die Grenze der Stadtgerichtsbarkeit. Etwas dahinter befand sich eine der ältesten Hinrichtungsstätten. Dort wurden vor ein paar Jahren viele Skelette, der damals gehängten Menschen, ausgegraben.

Wildwasserkanal in der Therme Wien

10. BEZIRK
DAS IST URBIG!

Therme Wien
Wiens größtes Thermalbad
Kurbadstraße 14, www.thermewien.at

Wasserturm: Wasserspielplatz mit Hängebrücke, Floß, Wasserfall, Stationen u. Führungen zum Thema Wasser
Windtenstraße 3, www.schlaueswasser.at

Amalienbad: Eines der ältesten (85 Jahre!) und architektonisch schönsten Hallenbäder Europas
Reumannplatz 23, www.wien.gv.at/freizeit/baeder

Kurpark Oberlaa: Riesiger Park mit vielen Spiel- und Freizeitzonen (Bauernhof, Skateland, Klettergarten,...)
Eingänge: Kurbad- oder Filmteichstraße

Böhmischer Prater: Die Minivariante des »Wurstelpraters«, hier finden viele Straßenfeste statt
Otto-Geißler-Platz (Laaer Wald), www.tivoliwien.at

Erholungsgebiet Laaer Wald: Naturlehrpfad, Waldklassenzimmer, Picknickwiese, Spielplätze
Alte Laaer Straße oder Otto-Geißler-Platz

Löwygrube: Riesige Wiesen zum Spielen, Sporteln, Drachen steigen lassen und Rodeln im Winter
An der Ostbahn, Löwyweg oder Otto-Geißler-Platz

Wienerberg: Wilder Park mit großem Badeteich, Spiel- und Picknickwiesen, BMX-Bahn, Waldspielplatz
Zwischen Neilreichgasse und Triester Straße

Wasserspielplatz an der Liesing
Spielen und spazieren entlang des Liesingbachs
Klederinger Straße 208

Am Wienerberg kannst du im Sommer gratis baden und im Winter eislaufen!

11. SIMMERING – DIE SPUREN VIELER STARS FÜHREN DICH DORTHIN

Weißt du, wohin wir heute vom Wild-Urb geschickt werden? Kein Scherz, auf den Zentralfriedhof sollen wir! Hoffentlich müssen wir dort nicht in Gräbern buddeln, sonst ist heute Nacht bei mir wieder Albtraumgefahr angesagt! Oder wir verirren uns, werden eingeschlossen und müssen dann vor Vampiren flüchten. Oder,... Oje, lauter schräge Sachen fallen mir jetzt ein. Aus jetzt! Raus aus meinem Kopf, ihr Gedanken! Ich sollte echt weniger Gruselgames zocken. Als wir etwas später durch das 3. Eingangstor des Zentralfriedhofs schlenderten, war ich so was von überrascht, wie harmlos es dort ist. Ganz ruhig und friedlich. Gerade durchwandern wir den »Park der Ruhe und Kraft« (1). Da kannst du von Station zu Station hopsen und Energieübungen machen. Angeblich gibt das Kraft. Kraft ist super, darum setzte ich mich ganz lange zu der kleinen Pyramide am Feuerplatz. Die gibt bestimmt am meisten Power. Lene hingegen gefällt es offenbar im Steinkreis am besten. Ich beobachte, wie sie dort herumspringt. Das schaut lustig aus, wie sie da so um den Baum tanzt. Fast wie eine Hexe, die irgendwelche Naturgeister beschwört. Eigentlich mag ich Lene eh. Auch wenn sie zwischendurch ganz schön nervig sein kann. Aber fad ist mir mit ihr nie. Und ganz so böse und *hinterfotzig*, wie ich immer dachte, ist Lene auch nicht. Nur ein bisschen gemein. Weil, sie weiß sofort

✉ A SCHENE LEICH

Bei deiner Tour durch den Friedhof kommst du auch bei dem ersten Verstorbenen vorbei, der hier begraben wurde. »A schene Leich« hatte dieser bestimmt! Damit ist aber nicht sein Körper gemeint, sondern so wurde ein »schönes Begräbnis« genannt. Denn die WienerInnen hatten einst die außergewöhnliche Tradition, auf die eigene Bestattung zu sparen. Pompös, mit vielen Gästen und gutem Essen, sollte sie sein! Seit der Eröffnung des Friedhofs wurden hier drei Millionen Menschen begraben. Mehr, als Wien heute lebende Einwohner hat. Apropos Leben. Das gibt es dort auch, denn viele Hamster besiedeln das Gelände!

❶ MYSTISCHE KRÄFTE

Der »Park der Ruhe und Kraft« ist magisch. Er wurde nach der uralten Tradition der Geomantie (Weissagung der Erde) konstruiert. Hier kannst du Kontakt mit Energien der Natur aufnehmen und richtig Kraft tanken.

Park der Ruhe und Kraft

Borromäus Kirche

② STARS ZIEHEN AN

Zu Beginn war er nicht beliebt, der Zentralfriedhof. Zu weit am Stadtrand, karg bewachsen und fast ohne Gebäude war er. Wenige BesucherInnen nahmen die beschwerliche Anreise in Kauf. Auch eine Bahn dorthin gab es nicht. Erst als man begann, verstorbene »Promis« auf diesen Friedhof zu übersiedeln, wuchs das Interesse. Denn neben Beethoven, Strauss und Schubert trauert es sich gleich viel besser ;-)

wenn ich mich zu fürchten beginne. Und dann macht es ihr riesigen Spaß, mich echt in Panik zu versetzen. Doch ich habe sie durchschaut und einige ihrer Schwachstellen entdeckt! Sie fürchtet sich nämlich nicht nur vor Menschenmassen, sondern überhaupt vor allen Erwachsenen. Immer wenn wir nach dem Weg fragen müssen, dann versteckt sie sich unauffällig hinter mir. Auch beim Eiskaufen ist das so. Wer steht da in der Warteschlange? Ich natürlich! Also, wenn sie mir wieder einmal Angst einjagt, oder mir etwas ganz Grauenvolles unter die Nase hält, weiß ich jetzt, wie ich mich räche. Beim nächsten Döner-, Würstel- oder Eisstand wird einfach meine Stimme versagen. Ich kann gut Theater spielen! Und dann muss sie gezwungenermaßen reden, sonst kann sie ihr heiliges Junkfood vergessen.

Findest du diese Ruhestätten im Bereich der Ehrengräber? (Gruppe 32A)

☐ gefunden! *Alois Ritter von Negrelli (Techniker)*

☐ gefunden! *Johann Strauss Vater (Komponist)*

Etwas Bittereres gibt es für Lene wahrscheinlich nicht. Ich finde, das ist eine geniale Idee von mir. Oder? Übrigens, wir sind gerade bei den Ehrengräbern (2) angekommen. Wer da aller so rumliegt, das glaubst du nicht. Lauter Berühmtheiten! Musiker, Dichter, Politiker und sogar Forscher sind dabei. Österreichs ehemalige Bundespräsidenten sind auch dort. Allerdings in einer speziellen Gruft, über der so ein Steinkreis gebaut ist. Der Weg in den Untergrund ist aber versperrt, also bummeln wir gemütlich weiter. Nächster Halt: Der Alte jüdische Friedhof (3). Hier sieht es anders aus. Umgefallene Grabsteine, dichter Wald, verwachsene Gräber. Wie eine vergessene Welt. Lene erklärt mir, dass im Judentum der Friedhof ein wichtiger Ort der Gemeinschaft ist. Ein jüdischer Brauch ist, bei jedem Besuch ein Steinchen als Gruß, am Grab abzulegen. Ich sehe aber nur auf wenigen Gräbern Häufchen aus kleinen Steinen. Hier ist es sehr ruhig, wir sehen sogar Hasen, Rehe und eine Menge Feldhamster. Ich weiß, dass dieser Friedhofsteil eine besondere Geschichte hat. Als Adolf Hitler regierte, sollte die jüdische Bevölkerung vernichtet werden. Bevor ihr Abtransport in den Tod begann, mussten sie einen gelben Stern als Zeichen für ihre Religionszugehörigkeit tragen. Von den Nichtjuden wurden sie ganz schlecht behandelt. Auch in Wien haben kaum Menschen

✉ BUNTE VIELFALT

Da der Wiener Zentralfriedhof der größte Friedhof Europas ist und viele Berühmtheiten dort liegen, wird er bereits von vielen TouristInnen besucht. Am Beliebtesten sind die »Ehrengräber« zwischen Haupteingang und »Präsidentengruft«. Doch es lohnt sich auch die anderen Teile des Friedhofs zu durchforsten. Zum Beispiel den »Ehrenhain« mit dem Grab des Popstars Falco und vielen anderen Stars. Auch Bauwerke wie die Gruftanlagen der »Alten Arkaden« oder die majestätische »Karl-Borromäus-Kirche« kannst du bewundern. Besonders interessant sind auch die Grabanlagen anderer Kulturen und Religionen. So gibt es auch einen buddhistischen Friedhof, dessen Gräberreihen sternförmig angeordnet sind und der auch ein Platz zum Meditieren ist. Am jüdischen Friedhof werden Steine anstatt Blumen zum Gedenken der Toten abgelegt und im islamischen Bereich weisen die Gesichter der Verstorbenen Richtung Mekka.

MISSION 11
DEIN WEG!

Hier kannst du die Lösungen eintragen!

✉ 31. NACHRICHT
**Im Spiegel tanzt sie mit jungen Römern,
um Falco's Grabmal zu verschönern.
Nachts sieht man ihren Namen schwinden,
sie ist bei ihm und niemand wird sie finden.**

| | | | N | | |

Am Ehrenhain ist auch Falco begraben. Ich habe den gesuchten Songtitel, der von einem jungen Mädchen handelt, auf seinem Grab entdeckt!

✉ 32. NACHRICHT
**Einmal ringsum lenke deine Schritte,
in diesem Bund war er der Dritte.
Im Kreise unserer Präsidenten,
wenn sie doch nur sprechen könnten.**

| | | | | Ä | | ⑪ |

Nächste Station, die Präsidentengruft. Oder mehr der Präsidentenkreis ;-). Der erste war Karl Renner, doch der dritte Präsident war...

✉ 33. NACHRICHT
**Der Ärmste war bestimmt sehr reich
und hatte die erste schöne Leich'.
Jakob hieß der alte Knabe,
der hier liegt im allerersten Grabe.**

| Z | | | | | | |

Ui! Es gibt es noch, das allererste Grab des Zentralfriedhofs. Schon seit dem 30. Oktober 1874 liegt der Jakob hier an der Mauer. Tja, und einen Nachnamen hatte er auch.

③ ALTER JÜDISCHER FRIEDHOF

Verwunschen sieht dieser Teil des Friedhofs aus. Verwachsene und gekippte Grabsteine erinnern an seine traurige Geschichte. Denn während der Nazizeit wurde die Zeremonienhalle zerstört und das Gelände war der einzige »Park«, in dem sich Juden aufhalten durften. Zwischen Gruppe 8 bis 19 triffst du auf Grabsteine, die Granatsplitterspuren aus dem 2. Weltkrieg aufweisen. Aber auch Hasen und Fasane lassen sich aufspüren!

der jüdischen Glaubensgemeinschaft den letzten Weltkrieg überlebt. Die wenigen Nachkommen sind auf der ganzen Welt verstreut. Damit sind jüdische Friedhöfe oft vom Verfall bedroht. Übrigens: Auch im jüdischen Teil des Friedhofs sind viele Gräber wichtiger Persönlichkeiten. Während wir die Grabinschriften entziffern, beginnt Lene eine Geschichte zu erzählen. Vom Golem, einem Wesen aus der jüdischen Mythologie. Berichtet wird, dass ein Rabbiner aus Lehm und Wasser eine menschliche Gestalt geformt, ihr eine Zauberformel unter die Zunge geschoben und sie so zum Leben erweckt hat. Der Golem, für gute Zwecke erschaffen, um Juden aus schwierigen Situationen zu befreien, führte brav alle Befehle seines Meisters aus. Aber, wie es halt so ist mit magischen Wesen, ging einiges schief. Und Lene schildert mir nun mit großem Eifer, was der außer Kontrolle geratene Golem nachts in der Stadt und auf dem Friedhof so alles angestellt hat. Brrrr. Unheimlich! Vielen Dank Lene, jetzt fürchte ich mich wieder! Super gemacht! Dabei war dieser Tag bis jetzt echt nett. Aber pass auf, meine Rache kommt noch!

Gasometer

©bettina sampl - Fotolia.com

Rekord. In nur 72 Tagen wurden die vier riesigen Gasometer-Türme 1896 gebaut, um Wien mit Gas zu versorgen. So schnell ging deren Verwandlung in einen Wohn- und Unterhaltungskomplex sicher nicht.

Umwühlen im Baggerpark Simmering

11. BEZIRK
DAS IST URBIG!

Wiener Gasometer: Shopping, Kino, Konzerte, Architekturführungen (Anmeldung)
Guglgasse 6, www.wiener-gasometer.at

Schloß Neugebäude: Viele Events wie Mittelalter-, Oster- und Weihnachtsmärkte, Open-Air-Kino,...
Otmar-Brix-Gasse 1, www.schlossneugebaeude.at

Lange Nacht der Wiener Stadtwerke: Einmal im Jahr nachts durch den Zentralfriedhof (viele Stationen)
www.wienerstadtwerke.at/langenacht

RAMP-Park beim Zentralfriedhof: Funbox (Ledges), Banks, Stufen, eine Downrail und ein Rooftop
Gegenüber dem 2. Tor des Zentralfriedhofs

Baggerpark Simmering: Einmal in einem Bagger sitzen und richtig umwühlen oder umschlichten
Alberner Hafenzufahrtsstr. 21, www.baggerpark.at

Spielplatz Leberberg: Skate- und Beachvolleyball-Anlage, toller Wasserspielplatz, große Grünfläche
Stadtpark am Leberberg

Park der Ruhe und Kraft
Meditationspark mit verschiedenen Stationen
Kurz nach dem 3. Tor im Zentralfriedhof

Fischereiverein Albern: Jugendkurse und -karten zum Fischen am Blauen Wasser (Alberner Hafen) und am Badner Teich, www.fischundwasser.at

Simmeringer Bad: Tolles Hallen- und Sommerbad mit Erlebnisbecken, Wellenbecken, Fitness-Parcours,...
Florian-Hedorfer-Straße 5

Hast du Lust dir ein paar frische Fische zu fangen? Das geht in Simmering!

MISSION_12

12. MEIDLING – VERBORGEN BLEIBT DIE QUELLE MIT DER ES ANFING

Und wie sie gekommen ist, meine Rache. Hammerhart! Da darfst du dir nie viel Zeit lassen, mit dem Rächen. Sonst ist die halbe Wut schon verflogen und das wird dann nichts mehr. Also. Als Erstes bin ich früher aufgestanden als Lene und habe das Frühstück versteckt. Meine Mutter richtet nämlich immer so leckere Sachen her, bevor sie zur Arbeit latscht. Mir würde ja eigentlich meine tägliche Ration Cornflakes reichen, doch wahrscheinlich will sie Lene verwöhnen. Schokoaufstrich, Semmeln, Extrawurst und so Puddingzeugs sind heute aufgetischt. Ich wickle einfach alles zusammen in das Tischtuch, natürlich samt den Tellern, *Häferln* und dem Besteck, und stopfe es in die Waschmaschine. Dort schaut Lene sicher nicht nach. Noch rasch den Kühlschrank und die *Küchenkasterl* kontrollieren und alles, was Lene schmecken könnte, wandert zum *Frühstückstischtuchknödel* in die Waschmaschine. Gründlich sein? Kann ich wirklich! Nun zum Feinschliff meiner Rache. Ich binde mir ein dickes Halstuch um und übe schon ein bisschen vor dem Badezimmerspiegel heiser zu sein. Zufällig liegt da auch der schwarze Schminkstift von Mum, mit dem zieht sie immer ihre Augenbrauen nach. Den kralle ich mir gleich und male dunkle Ringe unter meine Augen. Das machen die beim Film auch immer so, wenn wer krank aussehen soll. Zuerst habe ich wohl ein wenig übertrieben, weil

❷ BEWEGTE GESCHICHTE

Zum Stift Klosterneuburg gehörten im Mittelalter die Gründe Meidlings und es wurde emsig Wein angebaut. Erst als eine Heilquelle unter dem heutigen »Theresienbad« entdeckt wurde, blühte der Bezirk auf und lockte Erholungssuchende aus ganz Wien an. Auch viele Villen entstanden, vor allem in der Nähe vom »Schloß Schönbrunn«. Am »Grünen Berg« gab es sogar einen berühmten Vergnügungspark namens »Tivoli«. Die Hauptattraktion war eine Rutschbahn auf Schienen. Der Wienfluss zog aber auch viele Menschen an, die für ihre Arbeit Wasser brauchten – Wäscher, Färber und Gerber. Immer mehr Fabriken schossen aus dem Boden und ein Industriezentrum entstand. Doch ab 1960 sperrte eine Fabrik nach der anderen zu, weil es billiger wurde, Dinge aus dem Ausland zu importieren. Doch die Gebäude blieben stehen, auch wenn sie nun anders genutzt werden, so wie die alte Wäschefabrik am Gaudenzdorfer Gürtel 73.

Alte Wäschefabrik Gaudenzdorf

Guerilla-Garten bei der »Linse« Längenfeld

ich sah aus wie ein Sänger einer Grufti-band. Aber etwas Creme darüber und die ein bisschen verschmieren, schaut es richtig echt aus. Jetzt kann's losgehen! Lene ist bereits wach und fuchtelt mit dem Ausdruck unserer heutigen Mission vor meinem Gesicht herum. Ich deute, mit leidendem Blick, auf meinen Hals. Naja, eigentlich auf den dicken Halstuchwickel. Lene schaut mich entsetzt an. »Ui, du siehst ziemlich arg aus. Beinahe tot! Willst du überhaupt loszuziehen?« Wahrscheinlich habe ich mit dem Schminkstift doch etwas übertrieben, aber egal. Hauptsache, Lene glaubt mir die gefakte Krankheit. »Passt schon...krächz..., habe nur keine

❶ GRÜN FÜR DIE STADT

Bei der »Linse« Längenfeld findest du einen echten »Guerilla-Garten«. Das sind ehemalige trostlose Flächen, die von MitbürgerInnen heimlich begrünt werden. Mit Blumen, Kräutern oder Gemüse. Erlaubt ist das leider offiziell nicht. Es gibt aber auch Ideen im Netz, wie du die Stadt legal lebendiger machen kannst. Denn wäre es nicht schön, wenn du dir am Schulweg Himbeeren vom Bauzaun pflücken könntest?

Saatbombe zum Werfen in ödes Gelände

Kräuterbeet im Autoreifen

Bauzaun-Pflanzen

Kakteengarten

...krächz...Stimme.« Diesen Satz presse ich zwischen meinen Stimmbändern hervor. Es hat sich sicher komisch angehört, aber Lene hat es verstanden. Verstanden hat sie auch, dass es heute kein Frühstück gibt, also sausten wir gleich los. Übrigens, ich sag dir, es ist gar nicht so leicht, ständig seinen Mund zu halten. Vor allem für mich nicht. Ich quatsche ja so gerne. Ein paar Mal ist mir dann auch fast etwas rausgerutscht. Zum Beispiel, bei der Linse Längenfeld (1). Dort haben einige jugendliche Mädchen einen Garten angelegt. So etwas ist anscheinend illegal, weil ihnen das Grundstück nicht gehört. Doch, wenn das Gelände sonst niemanden interessiert?! Ganz verstehe ich nicht, warum man nicht einfach dort, wo Platz ist, etwas pflanzen darf. Jedenfalls sind die Mädels echt nett. Ich habe mal mit ihnen Saatbomben basteln dürfen. Da formten wir so *Gatsch*kugeln mit Blumensamen

❸ EIN »HEISSES« MUSEUM
Im Brennpunkt° geht's ums Heizen. Es gibt dort tolle Objekte zu bewundern und Spielstationen um Wärmeenergie zu verstehen.

❹ DAS VERGESSENE HEILBAD
Die Schwefelquellen, die einst das »Theresienbad« speisten, waren zwar schon den Römern bekannt, doch sie gerieten lange in Vergessenheit. Erst 1755 entdeckte ein Pater die Quelle im Garten des Jagdschlösschens – das damals dort stand – wieder. Kaiserin Maria Theresia ließ daraufhin das Schloss in ein Badehaus umgestalten, das vorerst nur den Adeligen vorbehalten war. Doch aus der kleinen Kuranlage wurde eine große, öffentliche Bade- und Trinkanstalt. Meidling, mit seinem »Theresienbad« war damit ein beliebtes Ausflugsziel. Im 2. Weltkrieg wurde das Bad völlig zerstört und als erstes Hallenbad der Nachkriegszeit wieder aufgebaut, doch leider ohne die heilende Schwefelquelle wieder anzuschließen.

108

MISSION 12
DEIN WEG!

Hier kannst du die Lösungen eintragen!

✉ 34. NACHRICHT

**Wenn du durch die Gassen ziehst,
du gar seltsame Fassaden siehst.
Diese zwei Dinger sind echt nicht ohne,
stecken sie doch einfach in einer Krone.**

		Ö		

Da ging einer wohl gerne Skifahren in dem Haus an der Ecke von Arndtstraße und Korbergasse. Aber mit Krone? Mir ist ein Helm lieber.

✉ 35. NACHRICHT

**Bei diesen Fenstern fehlen mir die Worte
die sehen ja aus wie eine ganze Torte.
Bei großen Feiern braucht man oft Glück,
wieviele bekommen davon ein Stück?**

		H		

Einmal um die Kirche und schon habe ich die runden Fenster gesichtet. Eines habe ich mir ausgesucht, und hoffentlich richtig gezählt.

✉ 36. NACHRICHT

**So etwas sieht man immer gern,
über einem Berg steht Mond und Stern.
Zusammen vereint in einem Wappen,
in welchen Ort trugens die Knappen?**

		Ü		12			

Ganz einfach war das, denn auf dem »Wappenhaus« gibt es nur einen Bezirksteil von Meidling, der genau auf dieses Rätsel passt.

Wappenhaus Meidlinger Hauptstraße

📧 DAS WAPPENHAUS
Direkt auf der Meidlinger Hauptstraße, die wie die Mariahilfer Straße eine lange Einkaufsmeile ist, steht das »Wappenhaus«. Auf diesem Gebäude kannst du die Wappen der ehemaligen Orte, aus denen Meidling heute besteht, sehen. Das »Wappenhaus« markiert das alte Dorfzentrum, von dem kaum etwas übrig ist. Nur im Bezirksmuseum, das übrigens das älteste Wiens ist, kannst du dir noch ein gutes Bild machen.

versteckte Pestsäule

drin. Diese Art von Bombe kannst du dann überall dort hinwerfen, wo etwas wachsen soll. Die Garten-Mädels waren jetzt auch wieder da und ich wollte ihnen erzählen, wohin ich meine Saatbomben geworfen habe. Aber zum Glück ist mir noch rechtzeitig ins Hirn geschossen, dass ich heute ja eigentlich nicht reden kann. Lene fing auf unserem Weg nun langsam zu jammern an. Überall, wo es etwas Essbares gab, fragte sie mich, ob ich denn keinen Hunger hätte. Die Arme! Ihr Magen knurrte schon mächtig! Wie von einem alten Wolf. Ab dem Brennpunkt Museum (3) bis zur Meidlinger Hauptstraße, deutete ich auf jeden Imbissstand am Weg. Dabei griff ich mir an den Hals und machte Lene durch Herumfuchteln klar, dass sie sich was kaufen soll. Sie schüttelte aber jedes Mal nur den Kopf. Ich glaube, wäre das so weitergegangen, wie wären verhungert. Auf der Höhe vom Wappenhaus konnte ich einfach nicht mehr. Da ist es mir rausgerutscht: »Lene! Du feige Nuss! In zwei Wochen musst du eh wieder Reisschleimsuppe fressen! Hol' dir jetzt einfach ein Stück Pizza! Das ist doch wirklich nicht schwer!« Oh, nein! Jetzt kullern Lene zum ersten Mal Tränen über die Wangen!

An der Meidlinger Hauptstraße steht eine Pestsäule. Sie ist ziemlich versteckt, obwohl sie Meidlings ältestes Denkmal ist.

Brennpunkt°
Wiens heißestes Museum ;-)

12. BEZIRK
DAS IST URBIG!

Theresienbad
Kleines Hallen- und Sommerbad mit Kinderbecken
Hufelandgasse 3, www.wien.gv.at/freizeit/baeder

Brennpunkt° Museum der Heizkultur: Alles rund ums Heizen mit Spielstationen zum Thema Wärmeenergie
Malfattigasse 4, www.brennpunkt.wien.at

Linse: Skatekanal, Street-, Basket- und Volleyball-anlage; nachts beleuchtet und laut sein, ist erlaubt
Linse U4/U6, Zugang bei der Dunklergasse 19

Marillenalm: Kleine, waldartige Parkanlage mit Obstbäumen entlang der Grünbergstraße (nicht ruhig)
Marillenalm, Zugang bei der Tivoligasse 77

Theodor-Körner-Park: Bunte Liegebänke, Spielplatz und ein »Wasserwald« zur Abkühlung im Sommer
Theodor-Körner-Park, Breitenfurter Straße 1-17

Haydnpark: Park auf einem alten Friedhof mit Sportanlage für Hand-, Faustball und Leichtathletik
Zugang bei der Siebertgasse 38 und vom Gürtel

Stadtwildnis Gaudenzdorfer Gürtel: Verkehrs-umtoste Grünfläche mit seltenen »Unkräutern«
Bei der U4 Station Margaretengürtel

Berufsschule Längenfeldgasse: Hier finden öfters Comic-, Film- und andere Tausch-Börsen statt
Längenfeldgasse 13-15, www.comicfilm.at

Infos zur gratis Obsternte in Wien,
Samenbomben bauen und die Stadt begrünen
www.wildurb.at/ernten

Die »Linse« Längenfeld, Skatekanal, Ballplätze und Liegewiese. Hier kannst du dich bis spät abends austoben, denn Lärmen ist erlaubt!

MISSION_13

13. HIETZING – DORTHIN, WO DAS KAISERPAAR HOHE GÄSTE EMPFING

Ich habe gestern etwas ganz vergessen. Doch ich war so verwirrt darüber, dass Lene weinen kann, da habe ich einfach nicht mehr daran gedacht. Gefallen hat mir das gar nicht. Also die Tränen von Lene. Ich kam mir richtig mies vor. Voll gemein und so. Doch, sie hat kein Wort mehr darüber verloren. Zum Glück, denn Trösten ist nicht gerade meine Stärke. Blödsinn machen hingegen, ist eine geheime Superkraft von mir. Die Aktion bestätigt das wieder mal. Ich habe die mit dem *Tischtuchknödel* vollgestopfte Waschmaschine vergessen! Die gefüllte Waschtrommel hat sich über Nacht vollkommen aus meinen Gehirnwindungen geschlichen. Wär ja nicht schlimm, hätte meine Mutter am Morgen die Maschine nicht eingeschaltet. Aber eh klar! Sie hat nur die volle Trommel gesehen, hat Waschmittel eingefüllt und locker den »on« Knopf gedrückt. Wie gewohnt, ist sie zur Arbeit gegangen und hat uns folgende Notiz hinterlassen: »Liebe Kids, bitte Wäsche aufhängen!« Als ich aufwachte, hörte ich Lene schon im Bad herumwerkeln. Kurz darauf stand sie unter meinem Türrahmen und schaute mich ganz, ganz komisch an. »Du, Ruven! Ich glaube, deiner Mutter geht es nicht gut. Sie hat irgendwie die Waschmaschine mit dem Geschirrspüler verwechselt. Und mit dem Kühlschrank glaube ich auch.« Mit einem Mal war alles wieder auf meiner Festplatte. Der *Tischtuchknödel*!

❶ DER SCHÖNE BRUNNEN

Mit dem »schönen Brunnen« fing alles an. Das war eine Quelle, die Kaiser Matthias 1612 auf dem ehemaligen Jagdgebiet entdeckte. 30 Jahre später entstand daneben ein kaiserliches Jagdschloß und das ganze Anwesen erhielt den Namen »Schönbrunn«. Das damalige Schlößchen wurde allerdings bei der 2. Türkenbelagerung stark beschädigt und so beauftragte man den Architekten »Johann Fischer von Erlach« mit einem Entwurf für einen Neubau. Dieser plante eine gigantische Schloßanlage, die schrittweise umgesetzt wurde, doch dann stockte. Erst »Maria Theresia«, die dieses Schloß liebte, ließ es vollenden und erweitern. Seitdem war »Schönbrunn« Sommersitz der Kaiserfamilien. Den Winter verbrachten sie aber in der Hofburg, denn das riesige Schloß war kaum zu beheizen. Besonders toll sind die »Prunkräume« Schönbrunns, die du über die »blaue Stiege« erreichst, hier hat jeder Raum eine ganz eigene Geschichte.

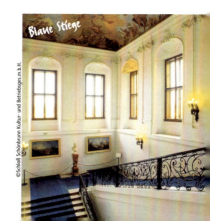

Blaue Stiege

©Schloß Schönbrunn Kultur- und Betriebsges.m.b.H.

Römische Ruine

② SPANNENDER SCHLOSSGARTEN

Streng geometrisch, wie es sich für einen echten Barockgarten gehört, ist der Park angelegt. Trotzdem ist es nicht fad dort, denn es gibt viel zu entdecken. Auf dem Weg vom Irrgarten bis zum Palmenhaus wartet eine Menge Interessantes auf dich. In den Waldteilen gibt es viele, aber verwöhnte Eichhörnchen, die jedoch Haselnüssen kaum widerstehen können! ;-)

In drei Sekunden war ich im Bad. Ein Blick in die Waschtrommel und ich bekam einen Lachkrampf, der schon fast schmerzvoll war. Lene dachte sicher, dass ich jetzt auch noch verrückt geworden bin. Mutter und Sohn an der hirnerweichenden Rinderseuche erkrankt! Das oder etwas Ähnliches flitzte sicher durch ihren Kopf. Ich konnte nicht anders, als ihr meine ganze gestrige Aktion zu gestehen. Dass ich nicht wirklich heiser war, wusste Lene ja eh schon. Zuerst versuchte sie sauer zu schauen, doch bald konnte sie sich nicht mehr zusammenreißen und der Lachkrampf packte sie ebenfalls. Sie war sogar so nett und half mir die Sauerei auszuräumen. Was nicht einfach war. Denn probier mal, während du von ständigen Kicheranfällen geplagt

Erkennst du die berühmten Damen, die alle mal im Sommer im Schloß Schönbrunn lebten, oder dort aufwuchsen?

1 Maria Theresia | 2 Marie Antoinette

Irrgarten

wirst, *Semmelgatsch*, Papiermatsch, Porzellanscherben und Reste von undefinierbarem Schleim, von einem Tischtuch zu kratzen. Retten konnten wir am Schluss dann doch nur das Besteck. Das glänzte dafür super. Fast so wie das Tafelsilber im Schloß Schönbrunn (1). Hier sind Lene und ich auch mittlerweile. Also nicht mehr direkt im Schloß, sondern ganz oben, auf den Stufen der Gloriette. Von hier hast du einen genialen Ausblick! Automatisch fühlst du dich wie ein mächtiger Herrscher oder eine Herrscherin, blickst auf deine große Stadt, den prunkvollen Garten (2) und auf die vielen Menschen herab. Lene empfindet das auch so, und wir beschließen, uns heute nur noch mit Adels-Titel anzureden und ein bisschen so zu sprechen, wie in alten Zeiten, als in Schönbrunn noch viele Adelige herumspaziert sind. Momentan bin ich der Kronprinz Ruven von Wien und geleite Erzherzogin Lene von Salzburg

✉ WER LEBTE IM SCHLOSS?

1000 Personen wohnten im Schloß Schönbrunn. Nicht nur das Kaiserpaar, sondern auch Diener, Hofdamen, Beamte, Minister, Ärzte, Bäcker, Metzger, Kellermeister, Hoftafeldecker und Gespenster ;-). Nicht nur bei den Führungen durch die Prunkräume, sondern auch im »Poldi Kindermuseum« erfährst du viel über das rege Schloßleben.

❸ DER ERSTE TIERGARTEN

Kaiser »Franz Stephan«, der Gatte »Maria Theresias«, war so von Naturwissenschaften fasziniert, daß er 1752 einen Pavillon errichten ließ, der von 13 Tiergehegen umgeben war. Dieses achteckige Gebäude, in dem das Kaiserpaar oft frühstückte, ist noch heute das Zentrum des Schönbrunner Tiergartens. Nach dem Tod ihres Mannes ließ »Maria Theresia« den Zoo auch für Teile der Bevölkerung öffnen. Dieser Tiergarten ist der älteste Zoo der Welt und, dank vieler Erneuerungen, auch einer der Beliebtesten.

3 Sophie Friederike | 4 Elisabeth (Sisi)

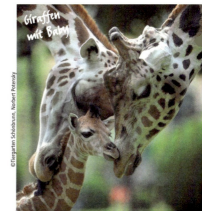

Giraffen mit Baby

©Tiergarten Schönbrunn, Norbert Potensky

MISSION 13
DEIN WEG!

Hier kannst du die Lösungen eintragen!

✉ 37. NACHRICHT

Vielleicht hast Du schon eines gesehen,
des Nächtens durch die Hallen wehen.
Dieses will zum Freund dich küren
und dich durchs Museum führen.

| | | O | | |

Hoho! Ich weiß was das ist. Ein Gespenst!
Das vom Schloß Schönbrunn ist ganz besonders,
denn es trägt eine Perücke und hat einen Namen.

✉ 38. NACHRICHT

Der Obelisk gleicher einer Nadel,
zeugt von Ruhm und Glanz des Adels.
Getragen wird er von Schildkröten vier,
doch auf der Spitze sitzt ein anderes Tier.

| | | | ⑬ | R |

Gleich gefunden! Diese königlichen Tiere
sitzen übrigens auf sehr vielen Gebäuden in
Schönbrunn, auch auf der Gloriette.

✉ 39. NACHRICHT

Vom Schloß entfernt am Wegesrand,
steht dieses Häuschen mit Bretterwand.
Hier konnte der Prinz mit Freunden spielen,
und mit den Sachen, die ihm gefielen.

| | | | D | | | |

Ja, der Kronprinz hatte es echt gut. So ein
Spielhaus im Wald hätte ich auch gerne,
obwohl glücklicher als ich, war der Prinz
trotzdem nicht. Wie hieß er nochmal?

Hermesvilla

KAISERLICHE JAGDGRÜNDE

Noch einen Tiergarten gibt es in Hietzing, wenn auch ganz anders als der Schönbrunner Zoo. Ein Naturpark mit viel Wald und Wiesen, in dem Wildschweine herumlaufen, Fledermäuse in der Dämmerung flattern und Gehege mit Mufflons, Rehen und Auerochsen zu finden sind. Der Tiergarten war einmal das Jagdtrevier des Kaisers und er ließ dort auch ein liebliches Schlösschen für »Sisi« errichten. Die Hermesvilla.

Wildsau im Lainzer Tiergarten

durch die Alleen. Du kannst mir glauben, es ist echt schwer, so vornehm zu reden. Manchmal kommen dabei recht unsinnige Sätze raus, doch es macht ziemlich viel Spaß. »Kaiserliche Hoheit, ich finde eure Blässe heute bezaubernd und euer Gewand ist hold zu schauen« oder »Tretet näher, geschätzter Herr, eure edlen Taten begeistern mich!« So ging es die ganze Zeit, bis zum Garten hinter dem Zoo (3). Die vorbeimarschierenden Kinder schauten vielleicht komisch. Naja, wir haben uns diese *schmalzigen* Sätze ja auch ziemlich lautstark zugerufen. Plötzlich blieb Lene, wie angewurzelt, stehen. »Pssst, da ist ein Eichhörnchen!«, flüsterte sie mir zu. Sie griff in ihren Rucksack und holte ein paar Nüsse aus unserer Jausenbox. Dann war es nicht mehr nur ein Eichkätzchen, sondern 20. Und alle stürzten sich auf Lene. Ich konnte mich sogar dazustellen, so zutraulich waren die. Aber so was von verwöhnt, die Viecher. Als alle Nüsse aufgefressen waren, haben wir es mit herumliegenden Eicheln probiert. Normalerweise fressen Eichhörnchen die gerne. Aber nicht diese! Fast beleidigt sind sie von dannen gezogen.

Um den Lainzer Tiergarten führt eine 22 Kilometer lange Mauer. Schlucker hieß der Baumeister, der sich beim Angebot so verrechnete, dass er sogar noch draufzahlen musste. Davon stammt der Spruch: »Du armer Schlucker«!

©wojciech nowak

In kaiserliche Gewänder schlüpfen (Poldi Kindermuseum)

Das ist übrigens ein airboard®, mein Lieblingsgefährt im Winter, weil ich's in den Rucksack bekomme!

13. BEZIRK – DAS IST URBIG!

Schloß Schönbrunn
> Spazieren im Schloßgarten, Irrgarten und Labyrinth
> Poldi Kindermuseum (Spannende Themenführungen die dich das Alltagsleben einer Kaiserfamilie erleben lassen und wo du in ihre Rollen schlüpfen kannst)
> Führungen durch die Prunkräume Schönbrunns
Schönbrunner Schloßstr. 47, www.kaiserkinder.at

Tiergarten Schönbrunn
Der älteste Zoo der Welt, mit vielen neuen Attraktionen
Haupteingang Hietzinger Tor, www.zoovienna.at

Himmelhof: Zwei große, abschüssige Wiesen zum Herumtollen. Urbige Rodelstrecke im Winter!
Aufstieg Carolaweg 8 oder Markwardstiege

Roter Berg: Drei große, abschüssige Wiesen zum Herumtollen. Urbige Rodelstrecke im Winter!
Aufstieg Trazerbergg. 37-61 oder Josef-Gangl-Gasse

Marionettentheater Schloß Schönbrunn
Puppen tanzen zu zauberhaften Vorstellungen
Hofratstrakt, www.marionettentheater.at

Schönbrunnerbad: Sommerbad mit Poolparties, Beachvolleyball und Nachtschwimmen bis 22:00h
Schloßpark 1, www.schoenbrunnerbad.at

Lainzer Tiergarten
> Wälder durchstreifen und Wildschweine treffen
> Picknicken und spielen auf den vielen Wiesen
> Sechs Spielplätze, Lehrpfad und Gehege (Lainzer Tor)
> Interessante Ausstellungen in der Hermesvilla
Haupteingänge: Lainzer-, Nikolai- und Gutenbachtor
www.lainzer-tiergarten.at

Rodeln und airboarden das geht in Hietzing! Am Roten Berg und am Himmelhof gibt`s urbige Hänge.

14. PENZING – DIESE SPIELWIESEN SIND SICHER GANZ DEIN DING

Pünktlich um 8:30 weckt uns der schon vertraute Piepton meines Handys. Die neue Mission ist eingetroffen! Jetzt sind wir echt schon Vollprofis. Seit zwei ganzen Wochen wandern Lene und ich jeden Tag durch Wien, um die Rätsel des mysteriösen WildUrbs zu lösen. Heute lotst er uns nach Penzing, den 14. Bezirk. Auf der mitgesendeten Karte kann ich sehen, dass uns die Route auf die Steinhofgründe (2) führt. Da oben war ich schon ein paar Mal. Also nicht in der Nervenklinik, sondern dahinter, auf den Wiesen. Im Winter zum Rodeln und im Herbst zum Drachensteigen. In Wien ist es ja oft recht windig. Auch heute pfeift ein Wind kräftig durch die Hinterhöfe. Darum packe ich auch gleich meinen tollen neuen Drachen ein. Den habe ich noch nie ausprobiert, weil das Rausgehen oft eine Überwindung ist. Ja, ja ich weiß, ich bin ein Faulsack. Aber wenn wir heute sowieso draußen herumkrebsen, wäre das die Gelegenheit, mein Drachenungetüm mal in die Lüfte zu bringen. Lene stört das bestimmt nicht. Übrigens, sie ist gerade dabei, uns ein Jausenpaket herzurichten. Gestern hat sie das auch schon gemacht. Warum, weiß ich nicht ganz genau. Entweder, damit ich sie nicht wieder mit Essenbestellen quälen kann, oder sie hat das Junkfood satt. Denn, jeden Tag Hotdog, Würstel, Pizzaschnitte oder Kebab essen ist wirklich fad. Allerdings tippe ich bei Lene eher auf meinen ersten Ver-

❶ VERTRÄUMTE VERGANGENHEIT

Der Dehnepark war einmal ein »englischer Landschaftsgarten« den die Fürstin Maria Paar errichten ließ. Eine romantische Anlage mit Tempelchen, Fischerhütte, Pavillons, Grotten und Obstgärten. Besonders schön wird das »Haus zum Muthwillen« beschrieben, das an der Stelle des heutigen Kinderspielplatzes stand. Glasfenster in violett und gelb soll es gehabt haben, die tolle Lichtspiele in die Räume zauberten. Die kleinen Bauwerke verschwanden allerdings mit der Zeit bis auf die »Ruinenvilla«. Den Namen bekam der Park vom Zuckerbäcker August Dehne, seinem nächsten Besitzer, bis der Filmregisseur und Schauspieler »Willi Forst« das Gelände übernahm. Forst nutzte die »Ruinenvilla« als Rückzugsort und um Gäste zu empfangen. Seit seinem Tod ist sie allerdings leer. Durch den Dehnepark fließt der Rosenbach, an dem du im Frühling eine »Krötenwanderung« und ab und zu auch ein paar Schildkröten beobachten kannst.

Ruinenvilla

Kirche am Steinhof

✉ KUNST AM STEINHOF

»Das wurde im Jugendstil erbaut«, ein Satz, den du in Wien oft hörst. Denn in der Stadt gibt es viele Gebäude, Möbel und Gemälde, die in dieser Epoche entstanden. Zu den bekanntesten Künstlern gehören Gustav Klimt, Josef Hoffmann und Otto Wagner, der auch die gesamte Pflegeanstalt »Am Steinhof« geplant hat. Nur 20 Jahre dauerte der Jugendstil, der dann von der »Modernen Kunst« nach dem Weltkrieg abgelöst wurde.

dacht. Unsere Rucksäcke sind gepackt und wir erwischen gerade noch die *49er-Bim*, die uns zum Dehnepark (1) kutschiert. Das Beste dort ist der alte Obstgarten unter der Ruinenvilla. Da kannst du dir ein paar Äpfel von den Bäumen schnappen. Auch Eichhörnchen treffen wir wieder, doch so zutraulich wie in Schönbrunn sind die hier nicht. Lene rückt mit einer Geschichte heraus, die echt komisch ist. Sie hat früher das Wort Palmkätzchen immer mit Eichkätzchen verwechselt. Und einmal war sie so doof, sich ein Palmkätzchen ins Ohr zu stopfen. Das sind die flauschigen Blüten, die auf Weidenzweigen wachsen

Der »Jugendstil« war am Beginn überhaupt nicht beliebt. Otto Wagner, der Baumeister der »Kirche am Steinhof«, wurde bei der Eröffnung von Erzherzog Ferdinand nicht einmal genannt.

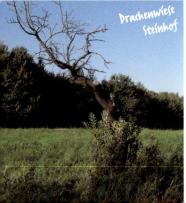
Drachenwiese Steinhof

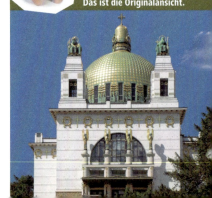
Das ist die Originalansicht.

und auf denen man zu Ostern die bemalten Eier aufhängt. Das kleine Palmkätzchen-Dings bekam Lene jedenfalls nicht mehr aus dem *Ohrwaschlgang* heraus. Sie bekam Panik, und weil ihre Eltern weg waren, rief sie den Bergdoktor an.'Tschuldigung, ich meinte natürlich den Kleinstadt-Arzt! Lene erklärte ihm also ganz besorgt, dass ein »Eichkätzchen« in ihrem Ohr steckt. Und der Arzt glaubt natürlich, es handelt sich um einen Streich, weil so ein ausgewachsenes Hörnchen mit buschigem Schweif passt natürlich in kein *Ohrwaschl* rein. Lene konnte das ganze Ordinationsteam im Hintergrund lachen hören und hat sich gar nicht mehr ausgekannt. Aufgelegt hat der Arzt dann auch noch! Erst als ihr Vater heimkam, klärte sich das Missverständnis. Er hat ihr dann das flauschige, aber zahme Palmkätzchen, mit einer Pinzette aus dem Gehörgang gefuzelt. Eigentlich wäre das eine richtige Ruven-Aktion! Dass Lene auch so

❷ GUT FÜR DIE NERVEN

Auf den Steinhofgründen kannst du Drachen steigen lassen, Picknicken, Ballspielen und im Winter sogar Rodeln und Langlaufen. Ein echtes Erholungsgebiet. 1907 entstand dort auch die Pflegeanstalt »Am Steinhof«, damals die modernste Nervenheilanstalt Europas. Heute wird die Klinik »Otto Wagner Spital« (nach ihrem Architekten) genannt.

❸ VERSCHLEIERTE VERBRECHEN

Ein dunkles Geheimnis hat auch das »Otto Wagner Spital«. Denn im Nationalsozialismus war man überzeugt, dass Menschen mit körperlichen oder seelischen Behinderungen eine Belastung für das Volk sind. So wurden Kinder, die von den Ärzten als »unbrauchbar« angesehen wurden, nach Steinhof gebracht und als Versuchskaninchen für Impfstoffe oder Infektionskrankheiten missbraucht. 800 Kinder starben dabei. In Pavillon V des Spitals gibt es eine Ausstellung zu diesen Medizinverbrechen.

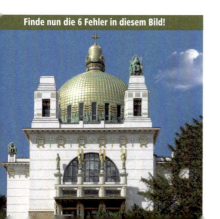

Finde nun die 6 Fehler in diesem Bild!

Ausstellung zu den nationalsozialistischen Medizinverbrechen in Wien

MISSION 14
DEIN WEG!

Hier kannst du die Lösungen eintragen!

✉ 40. NACHRICHT

**Bei der Ruinenvilla kannst du lesen,
was einmal dort im Park alles ist gewesen.
Welches Gebäude lag einst am Rosenbach?
Es machte auf jeden Fall sicher viel Krach.**

		Ä			¹⁴		

Ich habe alle 3 Tafeln bei der Ruinenvilla durchgelesen (braver Ruven ;-) und ich bin mir sicher, was dort am Rosenbach Krach gemacht hat.

✉ 41. NACHRICHT

**Weil man die Nummern langweilig fand,
hatte man schnell Namen zur Hand.
Von den Pavillons sind die Namen bekannt,
doch wie wird der Letzte genannt?**

					I	

Ich bin einfach zum letzten Pavillon hinauf und da leuchteten mir schon die silbernen Buchstaben neben dem Eingang entgegen.

✉ 42. NACHRICHT

**Zwei Männer sitzen auf den Türmen,
trotzen Wetter und auch Stürmen.
Einer davon hält einen Stock in der Linken,
womit will seine rechte Hand dir winken?**

				Z	

Da sitzen wirklich zwei Herren auf der Kirche am Steinhof. Der eine heißt Leopold, der andere ist Severin. Leopold hat eine Kirche und eine Fahnenstange in der Hand. Und Severin?

Wientalweg

DURCH'S WIENTAL

Ab der U-Bahn Station Hietzing kannst du den Wienfluss entlang gehen bis zur Stadtgrenze. Bei dem 7km langen Marsch passierst du sechs »Rückhaltebecken«, deren Aufgabe es ist, das für den Wienfluss typische rasch anschwellende Hochwasser aufzufangen. Da sie aber meist nicht voll sind, konnte sich ein Feuchtgebiet entwickeln und sich Biber, Bisamratten, Fischotter, Eisvögel und viele andere Tiere ansiedeln.

Türmchen bei den Rückhaltebecken

Dinge passieren, das hätte ich mir nicht gedacht! Übrigens, mein Drache saust schon durch die Lüfte. Ganz locker haben wir ihn hinauf gebracht. Weil das gar so einfach war, versuchen Lene und ich nun das fliegende Ungetüm bis zum nächsten Rätselpunkt, der Kirche am Steinhof, zu lotsen. Doch jetzt kommen zu viele Bäume, darum müssen wir ihn auf die Erde zurückholen. Apropos Erde. Uns knallt es auch ziemlich auf den Boden, als wir sehen, wie groß das Otto Wagner Spital (3) ist. Dort werden psychisch erkrankte Menschen behandelt. Heute gibt es viele gute ÄrztInnen auf diesem Gebiet, auch die Gesellschaft geht offener mit diesem Thema um. Zwischen 1939 und 1945 war das ganz anders. Das erfahren wir im Pavillon V. Eine Führerin erzählt die historische Geschichte und auch wie der Alltag damals war. Das ist alles so arg, sogar Lene kann es kaum glauben. Menschen mit körperlicher Behinderung, psychischen Krankheiten sowie Alkoholproblemen, wurden hier für medizinische Experimente missbraucht und/oder einfach umgebracht. Kinder waren auch unter den vielen Opfern. Menschen können so grausam sein! Brrr, mich schüttelt's jetzt noch durch.

Fischotter in Wien? Ja, in den Rückhaltebecken des Wienflusses gibt es welche! Der Weg zu diesen beginnt bei der U-Bahn Station Hietzing!

Sommerrodelbahn Hohe-Wand-Wiese

14. BEZIRK
DAS IST URBIG!

HighHills – Hohe-Wand-Wiese
> Kleines Skigebiet (400m Hang) mit Lift und Flutlicht bis 21:00, sowie Ski- und Snowboardkurse für Kids und einen Freestyle-Park mit Rails & Tubes (ganz oben)
> Im Sommer donnert eine Sommerrodelbahn ins Tal
Mauerbachstraße 174, www.highhills.at

Wiental Geh- & Radweg: Radeln oder Rollerbladen entlang des Wienflusses ohne Autoverkehr (7km) Abgang bei U4 Hietzing oder U4 Hütteldorf

Vienna Goodlands Skatepark: 4000m² mit Wiens größter Bowllandschaft und einer Streetfläche
Bergmillergasse 8 / Christine-Enghaus-Weg

Minigolf Baumgartner Spitz
Feingefühl üben auf den 18 Minigolf Bahnen
Müller-Guttenbrunn-Str. 37, www.mgcblauweiss.at

Dehnepark: Kleiner Naturpark mit Ruinenvilla, Ball- und Waldspielplatz sowie Teich mit Schildkröten
Zugang Dehnegasse 15 oder 39

Erholungsgebiet Steinhof
> Auf den riesigen Wiesen picknicken, ballspielen, Drachen steigen lassen (Nähe Feuerwache und Kinderspielplatz), oder rodeln im Winter (Nähe Otto-Wagner-Spital Westteil und Dehnepark)
> Ausstellung »Der Krieg gegen die Minderwertigen« in Pavillon V (www.gedenkstaettesteinhof.at) und
> Architekturführungen durch Sanatorium und Kirche
Zugänge: Kirche am Steinhof (Otto-Wagner-Spital), Hersweg oder Johann-Staud-Str. 75 (Feuerwache)

Zum Drachen steigen lassen sind die Steinhofgründe optimal. Im Winter gibt es hier eine Langlaufloipe und eine Rodelwiese.

15. RUDOLFSHEIM-FÜNFHAUS – DA KOMMST DU IN DEN WESTEN HINAUS

Weißt du was? Ich bekomme schon die vollen Mukkis an den Beinen, vom dauernden Herumlatschen. Heute im Badezimmer ist mir das aufgefallen! Stahlhart fühlen sich meine Ober- und Unterschenkel an. Voll cool! Der Nächste, der von mir einen Tritt ins Hinterteil bekommt, wird ziemlich blöd schauen. Ha! Ich bin mir sicher, der Erste, der meine super durchtrainierten Haxen zu spüren bekommt, ist Philipp. Yes! Beim Westbahnhof (1) habe ich mir einen Schrittzähler besorgt. Das kleine Gerät hab ich dort in einer Auslage entdeckt. Weil interessieren tut mich das jetzt schon, wieviele Schritte wir jeden Tag so machen. Lene und ich sind auch schon wieder unterwegs, diesmal durch Rudolfsheim-Fünfhaus. Das ist übrigens mein Bezirk! Also mir gehört er leider nicht wirklich, aber ich wohne da. Genau zwischen der Kirche Maria vom Siege und dem Fo-Guang-Shan-Tempel (2). Das ist ein Buddhistisches Gebetshaus, in dem so eine Art von Nonnen wohnt. Die haben knallorange Kutten umgewickelt und ihr Kopf ist ganz kahlgeschoren. Totale Glatze! Schaut echt spacig aus. Gefällt mir! Und immer wenn ich die Frauen sehe, denke ich an meinen Kindergarten. Der war halt katholisch, aber Nonnen gab es da auch. Die trugen allerdings eine schwarze Tracht mit Kopftuch und Haare oder Kopfhaut konnte man gar nicht sehen. Das machte Boris und mich natürlich sehr neugierig.

❶ DER WESTBAHNHOF...

... ist Wiens Tor zu den Bundesländern Ober- und Niederösterreich, Salzburg, Tirol und Vorarlberg – sowie der Ausgangspunkt für eine Reise nach Westeuropa. Entstanden ist er 1858, allerdings musste er nach dem 2. Weltkrieg komplett neu aufgebaut werden. 2011 wurde er renoviert und ist nun nicht nur Bahnhof sondern auch ein Einkaufszentrum – die »BahnhofCity Wien West«.

✉ AN DEN URSPRÜNGEN

Der 15. Bezirk ist durch die Gleise der Westbahnstrecke zweigeteilt. Der südliche Bereich (unterhalb des Westbahnhofs) ist der ältere Bezirksteil. Hier sind seine Ursprünge zu finden. Lauter kleine Vororte, die zusammengewachsen sind. Dreihaus mit drei Häusern (heute Braunhirschen), Fünfhaus mit fünf Häusern, Sechshaus mit sechs Häusern, Rustendorf und Reindorf. Die Namen der Gassen verraten genau, wo diese Orte gelegen haben. Du kannst sie alle finden!

Ursprung von Fünfhaus

Das Turnerdenkmal – Erinnerung an eine Synagoge

② VIELE RELIGIONEN

Sieben katholische Kirchen, zwei Buddhistische Tempel, die evangelische Zwinglikirche, das »Ibn Taimia« islamische Zentrum uvm, findest du hier. Auch jüdische Einrichtungen hat es gegeben, bis sie in der »Reichskristallnacht« brutal zerstört wurden. Zum Beispiel das Turnerdenkmal, an dessen Stelle eine Synagoge stand. In der Herklotzgasse 21 gibt es zu den jüdischen Räumen in diesem Grätzel eine interessante Ausstellung!

Weil wir nicht wussten, ob die unter der Kopfbedeckung jetzt Haare haben, oder nicht. Ich glaube, vier Wochen lang haben wir herumgerätselt. Dann hielt ich es nicht mehr aus, ich musste es einfach wissen! Bei einem Ausflug im Auer-Welsbach-Park ist es dann passiert. Schwester Johanna saß mit den ganz kleinen Kindern in der Wiese und lernte ihnen ein Gedicht. Boris und ich gehörten zu den »Großen«, und wir durften herumrennen und ballspielen. Das war die Chance. Mein Hirn schaltete auf Null-Intelligenz. Dann rannte ich an Schwester Johanna vorbei, fasste dabei den Nonnen-Kopftuchzipfel, riss ihn ihr vom Kopf und lief in vollem Galopp mit der Kopfbedeckung in Richtung Technisches Museum (3). Boris schrie sofort: »Haare! Sie hat Haare!« Somit war ein Kindheitsmysterium endlich gelüftet. Die Schwester Johanna war nicht einmal böse. Obwohl es sie dabei voll umgehauen hat. Ziemlich ins Gras

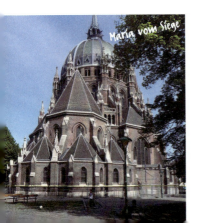

Maria vom Siege

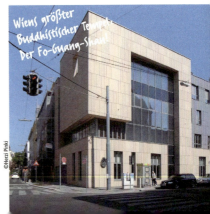

Wiens größter Buddhistischer Tempel: Der Fo-Guang-Shan!

gefetzt sogar. Ich weiß bis heute nicht, warum wir sie nicht einfach gefragt haben, denn die Nonne war eigentlich eine ganz liebe. Mit unserer 15. Mission sind Lene und ich heute schon fertig, weil ich die Gegend fast in- und auswendig kenne. So beraten wir uns kurz und beschließen, wieder zum Westbahnhof zu marschieren. Denn es ist Wochenende, also tote Hose auf den Straßen. Aber dort kannst du trotzdem gut zwischen vielen Leuten herumstrandeln. Auch Zeitschriften durchblättern und so. Gerade als wir die Stiege zur Bahnhofshalle hinaufgehen wollen, bleibt Lene wie angewurzelt stehen. Fast wäre ich in sie hineingeknallt. Ihr Finger zeigt starr in Richtung Restaurant-Terrasse. Ich glaube, ich traue meinen

✉ SCHLAFENDE BIM

Eine »Remise« ist ein Gebäude, in dem Wartungs- und Reparaturarbeiten von Fahrzeugen durchgeführt werden. Die Remise Rudolfsheim ist zu einer Zeit entstanden, als die Straßenbahnen noch von Pferden gezogen wurden. Die eindrucksvollen Hallen dienen immer noch als Garage für die Bim.

✉ WILDNIS IM PARK

Du kennst ja sicher die Gartenanlage vom Schloß Schönbrunn? Dort sind die Bäume streng beschnitten, Blumenbeete exakt angelegt und der Rasen kurz geschoren – ein Garten im »Barock« Stil. Im Gegensatz dazu gibt es den »englischen Garten«, in dem alles natürlich und wild aussehen soll. Der Auer-Welsbach-Park wurde so angelegt, um einen Gegensatz zu Schönbrunn zu bilden. Ein kleiner Teil dieser Anlage ist ein solcher. Du erkennst diese Wildnisfläche an den zwei blauen Skulpturen die dort stehen – den beiden »Flammenfrauen«.

Jede Religion hat Symbole. Kannst du ihnen die richtige Nummer zuteilen?

1 Christentum | 2 Islam | 3 Buddhismus
4 Hinduismus | 5 Judentum | 6 Taoismus

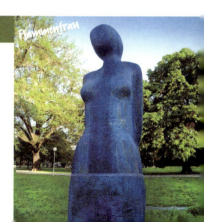

Flammenfrau

MISSION 15
DEIN WEG!

Hier kannst du die Lösungen eintragen!

✉ 43. NACHRICHT

**Rund um den Stein kannst du sehen,
daß dort viele Häuser stehen.
Siebzehnhundert stand dort keines,
ein Jahr später mehr als eines.**

Wie viele Häuser könnten es wohl gewesen sein, die am Ursprung dieses Bezirks dort gestanden haben? Ein Gedenkstein verrät es!

✉ 44. NACHRICHT

**In der Wildnis stehen die Beiden,
künstlerisch und doch bescheiden.
Johanna ist der eine Name,
doch wie heißt die andere Dame?**

Ein bisschen haben wir schon gebraucht, bis wir die blauen Statuen im Auer-Welsbach-Park gefunden haben. Der Name war dann einfach!

✉ 45. NACHRICHT

**Einheit und Freiheit war seine Devise,
so steht es dort an der Remise.
Damit den Johann keiner je vergisst,
wird auch sein Nachname nicht vermisst.**

Der Johann muss sehr beliebt bei seinen Arbeitskollegen gewesen sein, daß er eine eigene Gedenktafel an der Remise bekommt. Oder besonders tapfer. Wie war sein Nachname?

Im Bergwerk des Technischen Museums

③ TECHNIK ERLEBEN

Abgesehen von den vielen Ausstellungsstücken und interaktiven Mitmachstationen, findest du im Technischen Museum ein nachgebautes Bergwerk, eine alte Dampflok in Aktion und auch eine Abenteuernacht kannst du dort verbringen. Das geheimnisvollste Objekt ist aber wohl die »Bagdad Batterie«. Haben die Menschen im antiken Irak etwa tatsächlich vor 2.000 Jahren elektrischen Strom benutzt? Hm?!

Schweglerbrücke

Augen nicht! Da hockt doch glatt meine Mutter auf einem der Stühle. Was eigentlich überhaupt nicht bedenklich wäre, sie hat ja heute frei. Doch neben ihr, also ganz nah, so dass ich da nicht mal meinen kleinen Finger dazwischen quetschen könnte, sitzt ein total fremder Typ. Und der hat auch noch seine *Pratze* auf ihrem Handrücken liegen! Ich bin fuchsteufelswild, gleichzeitig aber auch geschockt. Was jetzt?! Lene zieht mich zur Seite und flüstert in mein *Ohrwaschl*: »Komm, wir müssen sie ausspionieren.« Ja, spionieren ist gut! Vielleicht klärt sich dieses unanständige Verhalten meiner Mum ja gleich auf. Vielleicht ist dieser fremde Typ nur ein Serienmörder, der sich an sie ranmachen will, und ich kann sie dann retten. In der Deckung der aufgestellten Blumenkästen, schleichen wir uns näher. Bis zum *Kasterl*, das zirka fünf Meter von Mum und dem Fremden entfernt steht, schaffen wir es auf diese Weise. Dann gibt es keine Deckung mehr. Doch Mum ist so mit Anstarren des Typen beschäftigt, dass ich mich wahrscheinlich auch gleich hinter sie stellen hätte können. Sie blickt nicht einmal auf, als der Kellner ihr den Kaffee hinstellt, erst als er über mich stolpert!

Nicht nur am Westbahnhof, sondern auch am Rustensteg und der Schweglerbrücke kannst du wunderbar Züge beobachten und vom Reisen träumen!

Erkundung im Technischen Museum

15. BEZIRK
DAS IST URBIG!

Technisches Museum Wien
Urbiges Museum rund ums Thema Technik
Mariahilfer Str. 212, www.technischesmuseum.at

BahnhofCity Wien West
Strandeln zwischen Bahnreisenden und Shoppern
Westbahnhof, www.bahnhofcitywienwest.at

Fo-Guang-Shan (Buddhistischer Tempel)
Führung durch Wiens größten buddhistischen Tempel
Sechshauser Straße 50, Tel: 01-9417408

Maria vom Siege (Katholische Kirche)
Führung mit waghalsiger Turmbesteigung
Mariahilfergürtel, www.mariavomsiege.at

Herklotzgasse21
Ausstellung über jüdische Spuren in Sechshaus
Herklotzgasse 21, www.herklotzgasse21.at

Stadthalle Wien: Konzerte besuchen, schwimmen und eislaufen (von Ende Oktober bis Anfang März)
Vogelweidplatz 14, www.stadthalle.com

Auer-Welsbach-Park: Riesiger Park zum Picknicken, Slacklinen, Relaxen; viele Zonen mit Spielgeräten
Auer-Welsbach-Park (gegenüber Schönbrunn)

Freizeitpark Schmelz: Diverse Freizeitangebote wie American Football, Volleyball, Yoga, Kegeln, Tennis,...
Auf der Schmelz

Schmetterlingswiese: Kleines Rasenstück mit Trockeninseln zur Arterhaltung der Schmetterlinge
Mariahilfer Gürtel (südlich des Westbahnhofs)

Slacklinen im Auer-Welsbach-Park! Schule dein Gleichgewicht!

MISSION_16

16. OTTAKRING – EINE MENGE ARBEIT ZOG VIELE MENSCHEN DORTHIN

Bumm, krach, klirr! Das war ein Lärm, als das volle Tablett des Kellners auf den Boden geknallt ist. Lene hat eine ordentliche Portion Nudeln ins Gesicht bekommen und mein *Leiberl* war voll Tee, Kaffee und anderen klebrigen Flüssigkeiten. Eine echt verzwickte Situation. Eigentlich wollten wir nur noch die Flucht ergreifen, doch bestimmt hätte Mum uns dann entdeckt! So blieben wir eng zusammengekuschelt in der Blumenkisterldeckung und schauten verzweifelt, mit großen *Glupschaugen*, den Kellner an. Der schaute ziemlich *grantig* auf uns nieder. »Einen saublöden Platz zum Knutschen habt's euch da ausgesucht!«, fauchte er. Als wir trotzdem in der Position blieben, schüttelte er nur den Kopf und stapfte davon. Ich glaube, er hat dabei ziemlich viele arge Schimpfwörter gemurmelt, doch Hauptsache er war weg. Lene und ich warteten noch, bis wir uns sicher waren, dass keiner der Gäste sich an den kaputten *Häferln* ergötzt, dann sprinteten wir von der Terrasse. Zuhause kam dann mein Ärger wieder hoch und ich musste gegen alle möglichen Möbel treten. Meine Mum hat ein Geheimnis, so eine Frechheit! Darum war sie in letzter Zeit so aufgedreht. Doch keine Glückspillen im Spiel! Die wären mir eindeutig lieber gewesen. Lene beruhigte mich dann aber ein bisschen. Sie hatte nämlich den Namen des Typen gehört. Florian! Florian? Wer zum Teufel ist Florian?! Die nächste

❶ DAS »ROTE WIEN«

Ottakring war ein kleiner Weinbauort, bis er 1890 rasant zu wachsen begann. Immer mehr Industriebetriebe und Werkstätten ließen sich dort nieder und zogen viele ArbeiterInnen an. Die Meisten kamen aus Ländern, die sich das Kaiserreich Österreich im Laufe der Zeit angeeignet hat. Ein Arbeiter zu sein, war zu dieser Zeit furchtbar. Denn es gab wenig Lohn und kaum leistbare Unterkünfte. Erst als 1918 die »Sozialdemokratische Arbeiterpartei« die Mehrheit in dieser »1. Republik« bekam, änderte sich die Situation. Die Stadt begann günstige Wohnungen zu bauen und setzte sich für ArbeiterInnen ein. Diese Zeit nennt sich »Rotes Wien«. So entstand auch auf der ehemaligen Sandgrube »Sandleiten« der erste große »Gemeindebau«. Der »Sandleitenhof« bot Unterkunft für 5.000 ArbeiterInnen. Kurz danach eröffnete die Stadt dort auch das »Kongressbad«. Ein richtiger Erholungsort für die Arbeiterfamilien.

② DIE GEMEINDEBAUTEN

1910 wurde Wien zur viertgrößten Stadt der Welt und die ärmere Bevölkerung litt unter einer großen Wohnungsnot. So begann man im »Roten Wien« (1918) mit Steuergeldern der Reicheren, »Gemeindebauten« für Arbeiterfamilien zu errichten. Bis jetzt entstanden 2.300 Bauten und ein Viertel aller WienerInnen lebt in einer »Gemeindewohnung«. Heute musst du aber nicht mehr bedürfig sein, um dort wohnen zu dürfen.

Stunde durchsuchten Lene und ich Mutters Laptop-Adressbuch. Wenigstens ging Lene konzentriert vor. Weil ich hätte nichts gefunden, so aufgewühlt war ich. Jetzt aber hielt sie mir den Computer unter die Nase und da stand in fetten Lettern: »Florian H. Sandleitengasse 36, 1160 Wien«. Ich wollte natürlich sofort dorthin, doch Lene hielt mich zurück. »Ganz ruhig Ruvi! Wenn ich mich nicht irre, dann führt unsere morgige Mission eh durch den 16. Bezirk. Da haben wir dann auch mehr Zeit etwas über den Mann herauszufinden.« Ok, aber ich hoffe immer noch, dass der fremde Typ namens Florian, einfach ein Serienmörder ist. Und nicht so ein schleimiger neuer Freund mit Ersatzvaterambitionen. Das hatten wir nämlich schon. Daran will ich absolut nicht mehr denken, es war nur furchtbar. Normalerweise bin ich ja eine echte Schlafmütze, doch jetzt halte ich es keine Sekunde länger im Bett

Der Sandleitenhof ist so groß, dass er sogar Kino, Waschsalon und Bibliothek hat

Das Wappen von Wien findest du auf fast allen Gemeindebauten

WOHNHAUSANLAGE DER GEMEINDE WIEN

aus. Obwohl es eigentlich noch super früh ist. Lene schläft noch wie ein Murmeltier. Das gefällt mir heute überhaupt nicht. Ich will sofort nach Ottakring (1) sobald die erlösende WildUrb Nachricht eintrudelt. Darum bin ich jetzt extra laut, lasse alle Türen offen und schalte das Radio im Wohnzimmer auf volle Lautstärke. Keine zehn Minuten später ist Lene wach. Also, so halb wach halt. Schlaftrunken torkelt sie ins Bad und setzt sich danach zu mir an den Frühstückstisch. »Coole Musik!«, meint sie nur und stopft sich ein riesiges Stück Marillenkuchen in den Mund. Das ist ziemlich angenehm an Lene. Sie ist nie so wirklich böse. Obwohl ich mir sicher

In der Ottakringer Brauerei heute

✉ EIFRIG AM WERK

In den Gassen Ottakrings waren die Handwerker zuhause. Vor allem für die Bekleidungsindustrie wurde fleißig gearbeitet. Doch auch große Werke, wie eine Tabakfabrik, die ersten Foto-Betriebe und Maschinenwerke gab es. Die bekanntesten, heute noch bestehenden Werke in der Gegend sind: Die Kaffeerösterei von »Julius Meinl«, die »Ottakringer Brauerei« und »Staud's – Konfitüren und Gemüsedelikatessen«.

Viele Betriebe sind heute ins Ausland abgewandert, weil die Produktion dort billiger ist, doch einige sind Wien treu geblieben. Erkennst du die Logos dieser Firmen?

1 Staud's | 2 Ottakringer | 3 Manner | 4 Meinl

Marmeladen-Abfüllung bei Staud's in Ottakring

MISSION 16
DEIN WEG!

Hier kannst du die Lösungen eintragen!

✉ 46. NACHRICHT
**Auf einem Sockel stehn die Viere,
ziehen gemeinsam wie die Stiere.
Ein Mann trägt eines um die Lenden,
alle andern halten sie in den Händen.**

S					

Yep! Den Kongresspark durchforstet und die Skulptur gefunden! An was die vier Männer da ziehen, habe ich sofort erkannt.

✉ 47. NACHRICHT
**Karl Kanther war ein ganz ein Klasser,
spritzte herum mit sehr viel Wasser.
Während andere schliefen in ihren Betten,
konnte er viele Menschen davor retten.**

				E	

Wenn der Herr Kanther eine eigene Statue und einen nach ihm benannten Park bekommt, muss er wirklich viele gerettet haben. Doch vor was?

✉ 48. NACHRICHT
**Sieh nach oben zu dem Zwecke,
das Relief zu finden an der Ecke.
Warum waren Achtzehnfundddreißig,
die Feuerwehren gar so fleißig?**

⑯			ß				

1835 wütete etwas in Ottakring. Nein, kein Drache ;-). Doch das Rätsel ist schnell gelöst, wenn du das Relief an der Hauswand der Ottakringer Straße 217-221 findest.

Knöpfe aus Perlmutt

③ MUSCHELN IN OTTAKRING

Neben der Kornhäusel-Villa erfährst du es: Ottakring war um 1900 das Zentrum der Perlmuttdrechsler. Diese stellten aus Muscheln, die ja innen mit Perlmutt überzogen sind, Knöpfe her. Die Drechsler werkten eifrig, oft Tag und Nacht, in Hinterhöfen und Kellern. Bei dieser Arbeit gab es viel mehr Abfall als fertige Knöpfe und es war meist die Aufgabe der Kinder den Müll auf den Gallitzinberg (Wilhelminenberg) zu bringen.

»Perlmuttstraße« auf den Gallitzinberg

bin, dass sie ahnt, dass das laute Geplärre aus dem Radio nur dazu bestimmt war, sie aus dem Bett zu jagen. Auch als wir dann schon unterwegs sind und ich sie im Mördertempo durch den Kongresspark (1) sowie den Sandleitenhof (2) hetze, murrte sie überhaupt nicht. Ich glaube, sie hat den Ernst der Lage voll gecheckt. Dann standen wir endlich vor der Adresse! Es gab nur ein Problem. Auf der Gegensprechanlage standen nur Nachnamen und der Buchstabe »H« war gleich viermal vertreten. Hawlicek, Haselstein, Hussain und Hiller. Ich läutete bei allen, in der Hoffnung, den Typen an der Stimme zu erkennen. Doch nur bei Hawlicek war jemand daheim und das war eine Frau. Schön blöd. Doch Lene hatte die Lösung. »Nicht verzweifeln Ruvi! Wir machen jetzt gemütlich unsere Rätseltour fertig und zuhause durchforsten wir das Internet. Immerhin haben wir den richtigen Vornamen, die Adresse und vier Nachnamen. Da spuckt die Suchmaschine sicher etwas aus.« Klar! Das hätte auch meine Idee sein können, wäre ich bloß nicht so verwirrt. Bestimmt lässt sich da eine Telefonnummer aus dem Netz ziehen. Und dann geht es dem Herren an den Kragen!

Beim Bau der Straße auf den Gallitzinberg fand man so viele Muschelreste von den Perlmuttdrechslern, daß die Ottakringer diese Straße die »Perlmuttstraße« nannten.

Weitblick von der Jubiläumswarte

16. BEZIRK – DAS IST URBIG!

Kuffner Sternwarte
Tolles Vortragsprogramm zu Himmelsereignissen
Johann Staud-Strasse 10, www.planetarium-wien.at

Kongressbad: Sommerbad mit Erlebnis- und Kinderbecken, Wasserrutsche (64m), Whirl-Liegen, Spielplätze
Julius-Meinl-Gasse 7a, www.wien.gv.at/freizeit/baeder

Kongresspark: Große Wiese, Strecken zum Radeln und Rollerbladen, Spielplätze und Kinderfreibad
Kongresspark (Sandleitengasse 45)

Computer Clubhouse Ottakring: Gratis Computer-Benutzung, LAN Parties, Video & Audio Workshops
Neulerchenfelderstr. 70, www.computerclubhouse.at

Sport- und Fun-Halle Ottakring: Von Feder- und Streetball bis Tischtennis; auch bei Schlechtwetter
Sandleitengasse 39, www.sportundfun.at

Brunnenmarkt: Buntes Treiben am zweitgrößten Straßenmarkt Wiens; Knackiges kaufen und einmal selber kochen; Brunnengasse und Yppenplatz

Steinbruchwiese: Griller mitnehmen und während er brutzelt, sich am Wiesenspielplatz austoben
Johann-Staud-Straße (nach der Savoyenstraße)

Jubiläumswarte: Rauf auf die Warte, die umliegenden Berge bestimmen und danach die Wälder durchstreifen
Jubiläumswarte, Johann-Staud-Straße 80

Kunstmeile Ottakring (Station 14): Tolle Graffiti-Kunstwerke auf 250.000m² Wandfläche begutachten
Bahnhof Ottakring (entlang der U-Bahn-Mauer)

Beim Brunnenmarkt etwas Leckeres besorgen und auf der Steinbruchwiese zubereiten! Kleinen Griller, Kohle, Feuerzeug und etwas Papier zum Anzünden nicht vergessen!

17. HERNALS – IN DIESEN WÄLDERN FALLEN WIR UNS UM DEN HALS

Gleich als Lene und meine Wenigkeit zuhause ankamen, fuhr ich den Laptop hoch. Ich habe ihn seit vorgestern ja wieder, weil ich die letzte Woche auch so anständig war ;-). Gebraucht habe ich ihn allerdings bis jetzt noch nicht. Lene und ich hängten uns vor den Bildschirm und los ging die Recherche. Zuerst spuckte die Suchmaschine eine Menge Müll aus, aber dann wurden wir fündig. Es gibt zwei Kandidaten mit dem Namen Florian Haselstein. Einer davon wohnt allerdings in Deutschland. Den können wir vergessen. Sonst finden wir in Wien nur noch einen Florian Hawlicek und mit den Namen Hussain und Hiller gibt es, laut Internet, keinen Florian. Haselstein oder Hawlicek? Wer ist der Richtige? Bei beiden ist eine Telefonnummer angegeben, also werde ich einfach anrufen. Vielleicht erkennen wir die Stimme! Lene ist fasziniert. Nicht von den Namen, sondern dass ich mich traue, bei fremden Personen anzurufen. Doch solche Aktionen kratzen mich überhaupt nicht. Anruferkennung am Smartphone off, Lautsprecher on und los geht's. Dreimal klingelte es, dann hebt ein Kleinkind ab. Ein bisschen baff frage ich: »Heißt du Florian?« »Nein, aber mein Papa. Ich hole ihn!«, antwortet das *Zwutschgerl*. Anscheinend rennt das Kind durch eine riesige Wohnung, weil ich höre eilige Taps- und Schnaufgeräusche bis sich endlich eine tiefe Stimme meldete: »Haselstein?« Schnell lege ich auf. »Das war er!

❶ SCHLOSS NEUWALDEGG

Ins Schloss kannst du nicht, außer du bist bei einem Fest eingeladen. Doch durch den Zaun kannst du auf das Gebäude mit dem hübschen Garten spechteln. Dort stehen lauter witzige Gnome auf Brüstungen. Dieser Teil wird die »Zwergerlgalerie« genannt.

❷ SCHWARZENBERGPARK

Wunderbar spielen, zwischen Bäumen und auf den großen Lichtungen, lässt es sich im »Schwarzenbergpark«. Was geht dort noch? Viel! Klettern, Walnüsse sammeln, Frisbee werfen, picknicken oder im Gras liegen und die Wolken verfolgen. Der »Schwarzenbergpark« ist der älteste Landschaftsgarten Österreichs. Anlegen ließ ihn »Graf von Lacy«, doch viel von dieser Gartenarchitektur ist nicht mehr übrig. Die Natur hat viel zurückerobert. Auch Rehe und andere süße Waldtiere siedeln sich dort wieder an. Weit haben sie es ja nicht, die Tierchen, denn der »Wienerwald« grenzt direkt an den Park.

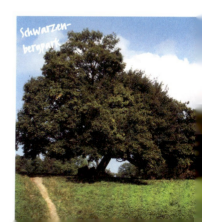
Schwarzenbergpark

Eindeutig, oder?!« Auch Lene war sich sicher. WTF? Was zum Teufel macht meine Mutter mit dem komischen Typen, der noch dazu ein Kleinkind hat. Die Serienmörder-Theorie war somit auch vom Tisch. Außer, das Kind ist sein nächstes Opfer. Aber dann hätte es kaum Papa geschrien und das Telefon abgehoben. Mist, jetzt setzt die totale Verwirrung ein. Es hilft nichts, Lene und ich müssen meine Mutter weiter beobachten. Einfach wird das nicht, wir müssen ja auch noch den WildUrb Schatz finden. »Das hat Vorrang«, meint Lene, »denn vielleicht ist der fremde Kerl ja nur ein alter Arbeitskollege.« Pah, netter Kollege, der seine haarige *Pratze* auf die

✉ EIN EINSAMES GRAB

Nicht, dass der »Graf von Lacy« unbeliebt gewesen wäre, weil sein Grab so abseits im »Schwarzenbergpark« steht. Das Gegenteil ist der Fall. Er war ein sehr erfolgreicher Feldherr in unzähligen Schlachten. Doch trotz seiner vielen Orden und seiner innigen Freundschaft zu Kaiser Joseph II blieb es sein Wunsch, einmal in seinem eigenen »Park« begraben zu werden.

Im Wald lauern wenige Gefahren. Nur diese zwei Kandidaten haben es in sich. Die Zecke und der Eichenprozessionsspinner. Hier siehst du, wann sie in den Wiener Wäldern ihr Unwesen treiben.

Zecke vollgesaugt

Zecke hungrig

Lacys Grab

Hand meiner Mum legt. Also ich werde weiter wachsam sein. Etwas stimmt da nicht, das habe ich im Gespür. Wirklich gut geschlafen habe ich letzte Nacht auch nicht. Erst heute, als Lene sich mit mir auf die große Wiese im Schwarzenbergpark (2) fallen ließ, kehrten meine Lebensgeister langsam zurück. Sie war voll lieb zu mir. In der Früh schon hat sie mir meine Cornflakes ans Bett gebracht und dann auch noch ein leckeres Picknick, für unsere heutige Mission durch Hernals, vorbereitet. Sogar eine Decke hat sie mitgeschleppt, damit wir es angenehm haben. Die helfe ich gerade auszubreiten. Lene packt unsere Jause aus und reiht alles ganz ordentlich in der Mitte auf. Voll lecker sieht das aus! Gemütlich futtern wir so vor uns hin, bis echt alles, bis auf den letzten Krümel, verputzt ist. Plötzlich überkommt mich die Müdigkeit und ich lasse mich auf den Rücken plumpsen, um kurz zu chillen. Und, dann

❸ 2 UNBELIEBTE WALDBEWOHNER

Der erste unangenehme Waldgeselle ist der »Eichenprozessionsspinner« – ein Schmetterling. Wenn er erwachsen ist, macht er dir nichts, aber aus seinen Eiern schlüpfen im Frühjahr Raupen, die Gifthaare mit Widerhaken bilden, die bei Menschen Allergien auslösen können. Daher solltest du von Mai bis Juli alle Eichen meiden, da das der bevorzugte Baum des »Eichenprozessionsspinners« ist. Der zweite unbeliebte Bewohner ist die Zecke. Die spuckt beim Blut saugen Nahrungsreste zurück und dabei können Krankheitserreger übertragen werden. Gegen das »FSME-Virus« (löst eine Gehirnhautentzündung aus) kannst du dich impfen lassen. Doch auch »Borreliose« ist häufig nach einem Zeckenbiss. Die Krankheit kann gut behandelt werden, wenn sie schnell erkannt wird. Also falls du um die Bissstelle eine große Hautrötung entdeckst, oder Fieber bekommst, auch wenn schon Wochen vergangen sind, suche lieber einen Arzt auf.

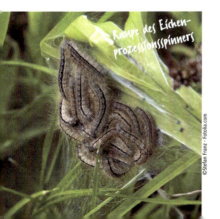

Raupe des Eichenprozessionsspinners

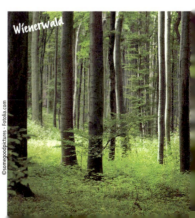

Wienerwald

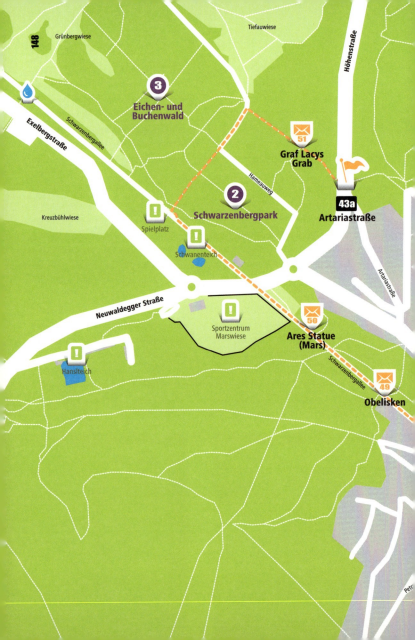

MISSION 17 – DEIN WEG!

Hier kannst du die Lösungen eintragen!

✉ 49. NACHRICHT

**Im ganzen Reich war er wohl bekannt,
schrieb seinen Namen an manche Wand.
Für diesen musst du dich nicht schinden,
kannst ihn auf dem Obelisken finden.**

Ich mag den Joseph, diesen »ersten Graffiti-Künstler«. Er hat auf seinen Wanderungen einfach überall seinen Nachnamen hinterlassen.

✉ 50. NACHRICHT

**Der Kriegsgott sitzt auf einem Stein,
auf seinem Helm da ruht sein Bein.
Sein Gewand zu Boden fällt,
bedeckt, was er in Händen hält.**

Na was hält so ein Kriegsgott in den Händen? Leicht, oder? Übrigens: »Ares« ist der griechische- und »Mars« der römische Name für ihn.

✉ 51. NACHRICHT

**Dem Grafen Lacy gehörte dieser Park,
jetzt liegt er hier in seinem Sarg.
In diesem Grab liegt er nicht allein,
wer mag mit ihm dort begraben sein?**

Ich dachte, der Graf liegt alleine in seinem großen Grabmal. Doch auch sein Neffe ist mit von der Partie. Seinen Vornamen habe ich dort beim Herumschnüffeln gefunden!

Obelisken in der Schwarzenbergallee

✉ EIN RICHTIGER URB

In der Schwarzenbergallee findest du auf einem der beiden Obelisken die Inschrift »Kyselak«. Kyselak war Beamter und Wandersmann, der sich 1825 auf den Weg machte, um zu Fuß Österreich zu durchqueren. Er hatte die Gewohnheit, auf seinen Touren überall seinen Namen zu hinterlassen. So gilt er als der Vorreiter des »Taggens«, wie das heute in der Graffiti-Sprache genannt wird.

Bei einem Gewitter immer in eine Mulde hocken!

passiert es. So peinlich, sage ich dir! Super, super peinlich! Ich bin eingepennt. Lene auch. Als ich dann aufwache, fährt mir der Schreck durch alle Glieder. Ich muss im Schlaf doch glatt die Hand von Lene genommen haben, denn jetzt hielt ich sie ganz fest umklammert. Igitt! Wenn sie das mitbekommen hätte, ich wäre so was von geliefert gewesen. Und da einmal peinlich am Tag scheinbar nicht reicht, bekam ich etwas später auch noch einen Knutschfleck! Nein, nicht wie du denkst! Mich hat beim Grab vom Feldherrn Lacy eine lästige Gelse erwischt. Dort waren extrem viele, weil es heute so schwül war. Und weil die Viecher keine Sonne mögen, verzieht sich tagsüber in schattige Zonen. Der Stich hat gejuckt wie verrückt. Lene hat meinen Arm gepackt und an dem Stich herumgesaugt. Zuerst wollte ich sie fragen, ob sie nun komplett irre ist. Doch Lenes Saugerei hat voll geholfen. Darum habe ich sie weitermachen lassen. Ihr Schlaatz war mir in dem Moment einfach lieber als die juckende Spucke der Gelse. Allerdings habe ich nun einen fetten Knutschfleck von einem Mädel. Zum Grübeln bleibt mir aber keine Zeit. Ein Donnergrollen erreicht unsere *Lauscher* und wir sprinten zum Bus.

Kennst du das Sprichwort: »Eichen sollst du weichen und Buchen suchen?«. Bitte nicht bei einem Gewitter! Ein Blitz schlägt in jede Baumart ein.

Bowling in der Brunswick-Halle

17. BEZIRK
DAS IST URBIG!

Sportzentrum Marswiese
Tennis-, Fußballcamps (outdoor) und Kletterhalle
Neuwaldeggerstrasse 57A, www.marswiese.at

Brunswick Bowling: Bowling-Halle mit eigenem
Kids Club und am Wochenende Cosmic-Bowling-Party
Schumanngasse 107, www.us-play.com/wienhernals

Wiener Metropol: Hier spielt es sich ab – von
Musicals über Kabaretts bis hin zu Konzerten
Hernalser Hauptstraße 55, www.wiener-metropol.at

Kulisse Wien: Kleinkunstbühne auf der
KabarettistInnen deine Lachmuskeln trainieren
Rosensteingasse 39, www.kulisse.at

Schwarzenbergpark: Viele riesige Spiel- und
Picknickwiesen; Waldspielplatz nach dem Eingang
Neuwaldegger Straße/Schwarzenbergallee

Exelbergstraße: Kleiner Waldspielplatz sowie
eine Spiel- und Picknickwiese mit Grillplatz
Exelbergstraße 32 (kurz nach dem Forsthaus)

Neuwaldegger Bad: Ein Waldbad zum Chillen
mit schattigen Wiesenflächen und einem Becken
Promenadegasse 58

Jörgerbad: Hallenbad mit Sport- und Kinderbecken
(Wasserrutsche), im Sommer ein kleines Außenbecken
Jörgerstraße 42-44, www.wien.gv.at/freizeit/baeder

Hanslteich: Sobald der Teich im Winter gefroren
ist, kannst du hier eislaufen und Eishockey spielen
Amundsenstraße 10

Auf den großen Lichtungen des Schwarzenbergparks kannst du dich mit dem Frisbee so richtig austoben!

18. WÄHRING – HIER TRÄGT MAN AUCH NICHT IMMER EINEN SMOKING

Als Lene und ich daheim angekommen sind, geht das Gewitter richtig los. Blitze zucken über den wolkenverhangenen Himmel, der Regen prasselt mit voller Wucht auf die Straße und der Donner grollt immer lauter. Voll angenehm. Lene und ich lehnen uns aus meinem Fenster und lassen uns von den Regentropfen anspritzen. Gewitter mögen wir beide. Die sind immer so erfrischend. Aber nur die Gewitter draußen. Die im Kopf sind furchtbar. Und so eines, braut sich in meinem Schädel gerade zusammen. Als ich mich nämlich vor dem Schlafengehen noch schnell auf die Toilette schleppe und die Klobrille zum Pinkeln hochklappen will, zuckt ein greller Blitz durch meinen Kopf. Die verdammte Klobrille ist schon hinaufgeklappt! Ich kann das echt nicht gewesen sein. Weil, meine Mutter hat immer einen Schreianfall bekommen, wenn ich das Klodeckelzurückklappen vergessen habe. Und nun bin ich so trainiert, dass ich das vollkommen automatisch mache. Sogar im Halbschlaf! Jetzt donnert es in meinem Schädel: »Ein fremder Mann war da und Mum hat kein Sterbenswörtchen davon erzählt!« Obwohl wir uns ja vor dem Schlafengehen lange unterhalten haben. So eine Frechheit! Da hat sie bestimmt dieser Florian Typ heimlich besucht. Das ist gemein! Zum Einschlafen habe ich dann Ewigkeiten gebraucht. Weil wenn du so wütend bist, geht das unglaublich schwer.

❶ DER TÜRKENSCHANZPARK

Seinen Namen verdankt der Park dem erhöhten, hügeligen Gelände auf dem er liegt. Denn nach der 2. Wiener Türkenbelagerung wurde das Hügelland »Türkenschanze« genannt, weil dort die osmanische Armee eine Befestigungsanlage errichtete, um sich vor dem österreichischen Heer zu schützen. Bis 1880 soll der Ring der Verschanzung erkennbar gewesen sein. Kurz darauf wurde der »Türkenschanzpark« angelegt, mit seinen Bächen, Teichen und seltenen Baumarten.

WIEN BEKOMMT DEN KAFFEE

Wien wurde zwei Mal von den Türken belagert. Es waren blutige Gemetzel die sich die Gegner lieferten, bis sich das osmanische Heer zurückzog. 1683 endete die 2. Türkenbelagerung. Kein Zufall ist, dass kurz darauf das 1. Kaffeehaus Wiens entstand, denn die Türken brachten das Wissen um das »neuartige Getränk« mit. Der Armenier Johannes Deodat gründete übrigens dieses 1. Café.

Türkenschanzpark

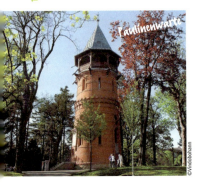
Paulinenwarte

② PAULINENWARTE

Mitten im Türkenschanzpark steht die Paulinenwarte. An Wochenenden kannst du auf den 23m hohen Turm, um den tollen Ausblick zu genießen – den auch Kaiser Franz Joseph I hatte – als er die Warte eröffnete. Der Paulinenturm war damals aber nicht nur Aussichtsplattform, sondern auch ein Wasserspeicher, der den Park mit Wasser versorgte. Dieser alte Speichertank ist übrigens noch immer im Turm.

Irgendwann müssen mir aber doch die Augen zugefallen sein. Aufgewacht bin ich dann ziemlich klar im Kopf, obwohl ich echt wirres Zeug geträumt habe. Aber vielleicht stimmt die Behauptung meiner Mutter, dass man beim Träumen Erlebnisse verarbeitet und dabei etwas lernt. Anscheinend bekommst du sogar arge Psycho-Störungen, wenn dich dauernd jemand weckt, wenn du träumst. Das haben WissenschaftlerInnen herausgefunden. Mein Verstand funktioniert jedenfalls wieder glasklar. So klar, dass ich beschließe, wieder etwas gemeiner zu Lene zu sein. Denn, Knutschfleck und Händchenhalten

Findest du die beiden Denkmäler im Türkenschanzpark, die mit der Türkei zu tun haben? Der Yunus-Emre-Brunnen wurde als Zeichen der Freundschaft von der Türkei gestiftet und das Pferd gehört zum Kosaken-Denkmal, da an die Türkenbelagerung erinnert.

☐ gefunden!

Yunus-Emre-Brunnen

gehen gar nicht. So klar, dass ich beschließe das Telefon meiner Mutter ständig nach dieser Florian Nummer zu durchsuchen. Denn, Geheimnisse und fremde Männergeschichten gehen auch gar nicht. Und so klar, dass ich beschließe, auf die Unterseite der Klobrille »Ich beobachte dich!« zu schreiben. Denn, grindige Florian Typen, die dann auch noch in unsere Toilette pinkeln, das geht überhaupt nicht! Denen muss ich schon klar machen, wer der Herr im Haus ist. Sogar als Lene und ich im Türkenschanzpark ankommen, um die heutigen Rätsel zu meistern, war ich noch stolz auf meine genialen Beschlüsse. Doch als Lene mir dort half, das Metallpferd zu erklimmen, hatte ich plötzlich keine Lust mehr, weiterhin *pampig* zu ihr zu sein. Das ist nämlich sauschwer, wenn jemand eigentlich recht nett zu dir ist. Und, so ein Gelsenstich-Knutschfleck ist jetzt nicht unbedingt als extrem bösartig einzustufen. Außerdem ist mir ein-

FORSCHUNG FÜR'S LEBEN

Am Rand des Türkenschanzparks ist die Universität für Bodenkultur. Dort wird gelehrt und geforscht, wie der Mensch die Natur besser nutzen kann, ohne ihr zu schaden. Auch für euch gibt es ein Programm. Die Studiengruppe Ökologie zeigt bei einer Führung, welche Lebewesen sich in einem Teich bewegen. Die meisten sind so klein, dass du sie nur durch ein Mikroskop siehst.

❹ GALAXIEN ÜBER WIEN

Noch eine wissenschaftliche Einrichtung begegnet dir auf dieser Route – die Universitätssternwarte. Dort wird die Entstehung und Entwicklung von Galaxien, Sternen und Planeten erforscht. Das Gebäude wurde 1883 eröffnet und verfügte damals über das größte je gebaute Linsenfernrohr. Es ist sogar noch in Betrieb, doch natürlich gibt es jetzt modernere Geräte darin. Bei einer Führung kannst du die Sternwarte mit ihrem riesengroßen Teleskop besichtigen.

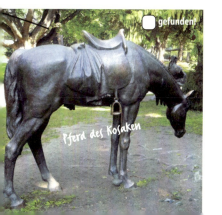
Pferd des Kosaken

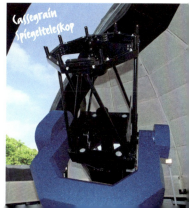
Cassegrain Spiegelteleskop

MISSION 18 — DEIN WEG!

Hier kannst du die Lösungen eintragen!

✉ 52. NACHRICHT

**Die Schauspielerei war sein Plaisir,
da war er einst ein großes Tier!
Trotzdem er sich ein zweites Standbein schuf,
denn das war nicht sein einziger Beruf.**

			G			

Die Gedenksäule von Leon Askin macht die Lösung super einfach! Er war ein berühmter Schauspieler und ein erfolgreicher...

✉ 53. NACHRICHT

**Die Pistole in den Gürtel gezwängt,
die Laute um die Schulter gehängt.
Die Hand hat der Kosake am Säbel auch,
doch womit macht dieser Reiter Rauch?**

				E	

Ich liebe ja sein Pferd, das im Hintergrund grast. Doch auch der Kosake schaut nett aus, wie er da am Stein sitzt und an etwas nukelt.

✉ 54. NACHRICHT

**Im Leben machte er es Hamlet gleich,
auch im Tode wurde er ziemlich bleich.
Die Lösung steht hier nicht am Rand,
seine Statue hält sie direkt in der Hand!**

								O		

Noch ein Denkmal eines Schauspielers. Das von Josef Kainz. Ganz verliebt schaut er den gesuchten Gegenstand an. Ein bisschen gruselig finde ich den allerdings schon.

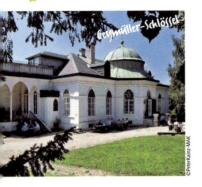

Geymüller-Schlössel

VILLEN UND SCHLÖSSCHEN

Wenn du durch Währing gehst, fallen dir bestimmt einige prachtvolle Villen auf. Sogar kleine Schlösser gibt es. Wie zum Beispiel das Geymüller-Schlössel. Darin findest du ein Möbel- und Uhrenmuseum. Eine der alten Uhren erinnert an eine riesige Zeitreisemaschine. Ins Pötzleinsdorfer Schloss kannst du zwar nicht, doch es hat einen tollen Park mit Grotte und Tempel, Wald und Wiese sowie einen Streichelzoo.

Kaninchen im Schloßpark

gefallen, dass sie ja fast noch ein schlimmeres Problem hat. Schließlich will ihre Mutter bald heiraten, ich dagegen kann die Katastrophe mit meiner Mum und dem Florian Typen vielleicht noch verhindern. Darum nahm ich den Beschluss, garstig zu Lene zu sein, zurück. Weil eigentlich ist sie die Einzige, die ehrlich mit mir ist. Und da wärst du schön blöd, wenn du dir das mit diesem Menschen vertust. Die Erwachsenen sind die eigentlichen Monster, und nicht Lene. Die machen was sie wollen, und wir Kinder müssen nach ihrer Pfeife tanzen. Als Lene mit mir ganz alleine auf der Paulinenwarte (2) steht, erzähle ich ihr die Klobrillen Geschichte. Und auch, wie furchtbar heiß ich auf unsere Mütter und Väter bin. Wie unfair das alles ist und wie verlogen die alle sind. Sie nickt und schaut ein wenig traurig. Doch dann schlägt sie etwas Cooles vor. Ein Schrei-Spiel. Wir brüllen lauter Schimpfwörter von der Warte runter. Extra laut. Richtig böse Wörter! Ganz Wien soll sie hören! Jetzt geht es mir besser.

Im Pötzleinsdorfer Schlosspark gibt es nicht nur eine große Lagerwiese mit Kinderspielplatz, sondern auch einen Streichelzoo mit süßen Tieren.

Viel Platz gibt's im Schafbergbad

18. BEZIRK
DAS IST URBIG!

Türkenschanzpark
Riesige Parkanlage mit alten Bäumen, Springbrunnen, Teich- und Bachanlagen, Wiesen, Denkmälern uvm:
> Freizeitwelt mit Streetball-, Beach-Volleyball-, Basketball- und Skateanlage sowie Tischtennistischen
> Kinderspielplätze für verschiedene Altersgruppen
> Liege-, Picknick- und Spielwiesen
> Lehrteich mit Fröschen, Libellen, Schildkröten,...
> Seltene Bäume aus verschiedenen Klimazonen
Gregor-Mendel-, Hasenauer-, Max-Emanuel-Straße

Ein Teich macht Schule: Das rege Leben im, am und auf dem Wasser erkunden (aktive Führung)
Lehrteich Türkenschanzpark, Anmeldung: 01/479 76 94

MAK-Expositur Geymüller-Schlössel
Alt Wiener Uhren- und Biedermeiermöbel-Sammlung
Pötzleinsdorferstraße 102, www.mak.at

Pötzleinsdorfer Schlosspark: Sport- und Picknickwiese, Spielplatz, Freiland-Voliere, Streichelzoo,...
Pötzleinsdorferstraße 65 (Haupteingang)

Schafbergbad (Sommerbad): Viele Becken, Rutsche Sprungturm, Minigolf, Ballspielplätze, Trampolin,...
Josef-Redl-Gasse 2, www.wien.gv.at/freizeit/baeder

Universitätssternwarte Führungen: astro.univie.ac.at/oeffentlichkeitsarbeit-besucherinfo/fuehrungen
Türkenschanzstraße 17 (Sternwarte)

TheaterLabor: Aufführungen für alle Altersgruppen und Schauspielcamps für Kids (bis 14 Jahre)
Lazargasse 2, www.theaterlabor.com

Die Studiengruppe Ökologie zeigt dir, was sich so alles in einem Teich bewegt! (Lehrteich Türkenschanzpark)

19. DÖBLING – SOLCHE SÜSSEN TRAUBEN HÄNGEN SICHER NICHT IN PEKING

Was glaubst du, was war das Erste, was ich heute, noch ganz früh am Morgen, gemacht habe? Natürlich, Mums Handy gecheckt! Es war nicht einfach, in ihr Zimmer zu schleichen, ohne dass sie aufwacht. Die Frau hat einen ziemlich leichten Schlaf. Die hört jeden *Mucks*. Doch ich habe diese Herausforderung gemeistert! Am Bauch bin ich über den Schafwollteppich gerobbt. In Zeitlupe. Bei jedem komischen Schlafgeräusch meiner Mutter ist mir das Herz fast in den Pyjama gedonnert. Aber, jetzt habe ich das Telefon! Hmm, dreimal hat sie die Florian Nummer diese Woche gewählt. Frechheit! Zurück in meinem Zimmer berichte ich alles Lene. Aber sie meint, das wäre nicht so arg, weil, wenn Mum richtig verliebt wäre, würde sie mindestens dreimal am Tag anrufen. Ich hoffe, sie behält recht. Überwacht wird Mum auf jeden Fall weiter. Ich schlüpfe nochmals unter meine Bettdecke. Draußen ist es noch dunkel, und die WildUrb Nachricht ist auch noch nicht da. Lene pennt sogar wieder ein. Nach einiger Zeit höre ich, wie Mum die Zimmertüre öffnet und flüstert: »Ruven, was soll bitte diese Warnung – Ich beobachte dich – unter der Klobrille?! Ich habe das jetzt weggeputzt!« Ich stelle mich schlafend und sie schließt die Türe wieder. Ha! Jetzt ist sie verunsichert. Die glaubt bestimmt, die Botschaft ist für sie! Irgendwie passt das ja auch. Wenn Mum weg ist, schreibe ich sie nochmal drauf.

❶ WIEN UND WEIN

Wien – die einzige Weltstadt mit Weinbau innerhalb der Stadtgrenzen – ist mit ihrem Lieblingsgetränk so eng verbunden, wie der »Mörtel mit dem Ziegel«. Denn sogar beim Bau des Stephansdoms wurde Wein in den Mörtel gemischt, um die Kirche zu errichten. Mitgebracht haben die ersten Rebstöcke die Römer und im Mittelalter erreichte der Anbau seinen Höhepunkt. Doch auch noch heute gibt es viele Weinhänge, die nicht nur in Döbling zu finden sind, sondern auch in Stammersdorf, Strebersdorf und Oberlaa.

✉ »AUSG'STECKT IS'«

»Heurige« sind Lokale, die einst nur bei Wien zu finden waren. Es begann 1784, als WinzerInnen erlaubt wurde, ihre angebauten Weine auszuschenken. Die Öffnungszeiten wurden durch das »Ausstecken« eines Föhrenzweig-Buschens signalisiert. Noch heute sitzen viele gerne auf Heurigenbankerln, probieren Wein und essen Aufstrichbrote.

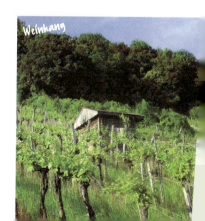

Weinhang

Neues Schloß Cobenzl

② MAGIE AM COBENZL

Das heutige Schloss am Cobenzl ist erst ca. 30 Jahre alt. Doch auch früher stand dort ein schönes Schlössl, das leider abbrannte. Ein Eigentümer, der Freiherr von Reichenbach, war ein ganz Mysteriöser. Er experimentierte mit unsichtbaren Energien in Geheimlabors unter dem Schloss. Nach den verschütteten Eingängen wird noch heute gesucht. Der Freiherr entdeckte aber auch das Paraffin und sammelte Meteoriten.

Für den Fall, dass dieser fremde Florian-Typ kommt, während Lene und ich auf unserer Mission sind, wird er sie lesen müssen. Apropos Mission! Die hat es heute in sich. Wir haben eben die halbe Strecke zurückgelegt und ich hechle bereits wie ein durstiger Hund. Bergauf neben Weinhängen (1), bergauf durch den Wald, bergauf über Wiesen. Immer nur bergauf! Lene macht das anscheinend überhaupt nichts aus. Aber mich strengt das an. Vor allem muss ich mit ihr Schritt halten, sonst glaubt sie vielleicht ich bin ein Weichei. Außerdem habe ich die vollen Orientierungsprobleme. Mit den U-Bahnen, Straßenbahnen und

Wenn der Herbst kommt, sind nicht nur die Weintrauben reif, sondern auch die Waldfrüchte. Mit ihnen kannst du Urbiges basteln. Schaffst du es, ihnen die richtige Nummer zu geben

Im Landgut Cobenzl kannst du die Bauernhof-Tiere streicheln!

©Landgut Cobenzl

1 Eichel | 2 Walnuss | 3 Kiefernzapfen | 4 Hagebutte

so, kenne ich mich ja perfekt aus, doch so ganz ohne Straßennamen, im freien Gelände, das ist echt hart. Aber auch da ist Lene zielsicher. Sie hat auf unserer Karte Markierungen entdeckt und findet diese auch am Wegrand. Weiß-rot-weiß, dann weiß-gelb-weiß und wieder weiß-rot-weiß. Ein komisches System! Können die nicht einfach lauter Wegweiser aufstellen? Lene meint, dass die Farbmarkierungen sicherer sind, weil sie auf Steine oder Bäume gemalt sind. Die Wegweiser, die an einer Stange befestigt sind und wie ein Pfeil in eine Richtung zeigen, taugen im Gelände nichts. Sie werden leicht von Stürmen verdreht, oder von Schneemassen umgeknickt. Ja, eigentlich einleuchtend. Also, dann suchen wir halt weiter nach diesen Farbstreifen! Bis jetzt scheinen wir uns nicht verirrt zu haben. Plötzlich werden wir von einem Wanderer überholt. Das wäre ja kein Problem. Schließlich muss ich mich ja nicht mit je-

❸ FERNBLICK UND FERNSEHEN

Am höchsten Punkt des Kahlenberges steht die »Stephaniewarte«. Viele Stufen führen auf die Plattform, auf der dich ein toller Ausblick erwartet. 1955 wurde von hier zum ersten Mal das »Fernsehen« übertragen. Heute macht das der Sendeturm daneben.

❹ DER BERÜHMTESTE BERG WIENS

Obwohl der Kahlenberg (484m) nicht der höchste Berg Wiens ist, denn das ist der Hermannskogel (542m), ist er für Ausflüge der Beliebteste. Nicht nur viele Wanderwege führen auf den Kahlenberg, sondern auch die »Höhenstraße«. Diese besteht großteils noch aus Pflastersteinen und ist mit ihren 15 Kilometern die längste Straße Wiens. Bis 1920 konnten die Ausflügler sogar mit einer »Dampf-Zahnradbahn« auf den Berg reisen, das war bestimmt ein tolles Erlebnis. Ursprünglich hieß der Kahlenberg übrigens »Schweinsberg«, wegen der unzähligen Wildschweine die dort lebten.

5 Kastanie | 6 Haselnuss | 7 Vogelbeere | 8 Buchecker

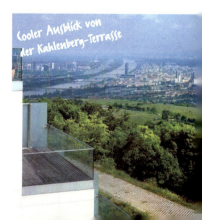

Cooler Ausblick von der Kahlenberg-Terrasse

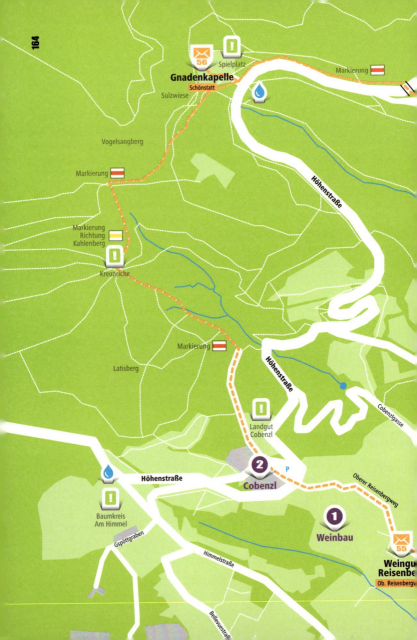

MISSION 19
DEIN WEG!

Hier kannst du die Lösungen eintragen!

✉ 55. NACHRICHT

**Dort wo der Efeu wächst ganz wild,
steht beim Weingut Reisenberg ein Schild.
Es verrät dir, wie man solche Lokale nennt,
wo sich der Wirt mit seinem Wein auskennt.**

					G		

In Döbling habe ich recht viele dieser Lokale gesichtet. Wenn sie offen haben, dann steht dort oft: »Ausg'steckt is'!«

✉ 56. NACHRICHT

**Ein Krug steht hier vor dem Altar,
mit einer Aufschrift sonderbar.
Es scheint, als ob in ihm was fehlt,
etwas, das die Durstigen arg quält.**

W				

Die Kapelle ist lokalisiert, samt Krug! Viele Gläubige legen jetzt darin ihre Wünsche ab. Doch einst war er wohl mit einem Getränk gefüllt.

✉ 57. NACHRICHT

**Die alte Kahlenberg-Zahnradbahn
kroch einst hinauf Zahn für Zahn.
So wie alle jungen und alten Damen,
hat auch der Waggon einen Namen.**

			P			19	

Im Wappen von Wien steht's, soviel sei verraten. Ich finde ja die Bank am Dach des Waggons echt super, darauf sitzen darf man aber wahrscheinlich nicht. Leider.

Lebensbaumkreis Am Himmel

SUCHE DEINEN BAUM

In der Nähe des »Cobenzls« findest du das »Baumhoroskop Am Himmel«. Hier stehen 40 Lebensbäume und jedem sind ein paar Geburtstage zugeordnet. Entdeckst du deinen? Vor jedem Baum steht eine Säule, wo du auch etwas über seine Eigenschaften erfährst. Der Platz ist ideal zum Herumtollen und zum Drachensteigen lassen. Auch viele Feiern finden dort statt, wie zum Beispiel das Kürbis- oder das Funkenfest.

dem Schnellgeher messen. So ehrgeizig bin ich auch wieder nicht. Nein, es ist viel mehr. Der Mann hat hinten am Rucksack etwas ganz Merkwürdiges. Einen Aufsteck-Button! Du weißt schon, so ein rundes Dings auf dem meist Sprüche stehen, und das du dir an die Jacke oder Schultasche stecken kannst. Doch auf seinem Button stand nicht etwa »Ich Chef, du nix!« oder »Du kannst mich mal!«, sondern es ist das WildUrb Maxerl darauf zu sehen. Lene und ich kennen es bestens. Unter jeder neuen Missions-Nachricht, die wir auf unsere Smartphones bekommen, grinst es uns entgegen. So wie eben vom Rucksack. Was ist das für ein Mann?! Gehört er zu der Gaunerbande? Bekannt kommt er mir auch vor! Lene und ich beschließen ihn zu verfolgen. Immer wenn er stehen bleibt, tun wir so, als ob wir Kastanien suchen würden. Dann sprinten wir ihm wieder hinterher. Bis auf den Kahlenberg (4) geht das so. Der verdächtige Wanderer hat auch noch das gleiche Ziel wie wir! Doch, plötzlich ist er wie vom Erdboden verschluckt! Alles haben wir dort oben abgesucht, ohne Ergebnis. Er muss untergetaucht sein. Völlig irritiert und erschöpft schleppen wir uns schließlich heimwärts.

Mein Lebensbaum ist die Haselnuss

Mit den gesammelten Kastanien haben wir am Abend ein paar Kreaturen gebastelt. Das soll ich sein? Sehr witzig, Lene! ;-{

©Frank Schöttke

Mithelfen am Landgut Cobenzl

19. BEZIRK
DAS IST URBIG!

Landgut Wien Cobenzl
> Kinderbauernhof: Einen Tag lang Bauer/Bäuerin sein – geführte Rundgänge, um die Arbeit auf einem Bauernhof kennenzulernen (Stallarbeit, Brot backen)
> Tierpark: Oder einfach selbst durch die Ställe der Schafe, Ziegen, Schweine, Kaninchen uvm spazieren
Am Cobenzl 96a, www.landgutcobenzl.at

Waldseilpark: 14 Kletter-Parcours von einfach bis Adrenalinspiegel steigernd (auch für Erwachsene)
Josefsdorf 47, www.waldseilpark-kahlenberg.at

Lebensbaumkreis »Am Himmel«: Das keltische Baumhoroskop besuchen und auf den Wiesen herumtollen
Himmelstraße/Höhenstraße, www.himmel.at

Robinson-Insel: Hütten bauen, Lagerfeuer machen, Rätsel- und Geländespiele, Gemüse pflanzen,...
Greinergasse 7, www.wien.kinderfreunde.at

Wandern mit der Wildkräuterfee: Kräuter sammeln, bestimmen und selbst Aufstriche herstellen
Weidling (NÖ), www.wildkraeuterfee.com

Wertheimsteinpark: Kleiner Park mit exotischen Pflanzen, Blindengarten und Eidechsenbiotop
Heiligenstädter Straße 73-75

Nasenweg: Vom Kahlenbergdorf auf den Leopoldsberg mit toller Aussicht auf die Donau (viele Treppen!)
Nasenweg im Kahlenbergdorf

Krapfenwaldbad (Sommerbad): Sport-, Familien- und Kinderbecken, Rutsche, Trampolin, Ballspielplätze,...
Krapfenwaldgasse 65-73

Seilbrücken, wackelige Netze, Flying Foxes – übe deinen Gleichgewichtssinn im Waldseilpark Kahlenberg.

20. BRIGITTENAU – KOMM AUF DIESE INSEL UND MACH DICH SCHLAU

MISSION_20

Die halbe Nacht haben Lene und ich noch über den mysteriösen Wanderer diskutiert. Aber wir sind auf keinen grünen Zweig gekommen. Im Gegenteil. Es wurde nur noch chaotischer in unseren Gehirnwindungen. Das Nachdenken war so anstrengend, dass Lene und ich dabei ein ganzes Glas Schokoaufstrich ausgelöffelt haben. Aber nicht so ein kleines Glaserl, sondern die riesige 800 Gramm Familienedition. Ich hoffe Lene wird nicht wieder schlecht, denn sie hat sicher viel mehr vom braunen Gatsch gegessen als ich. Doch ganz so arg ist Lenes Schokosucht nicht mehr. Das ist mir aufgefallen. Vielleicht weil in unserer oberen Küchenlade immer etwas Süßes liegt. Und wenn du etwas haben kannst, dann ist es nur halb so interessant. Bei mir ist das ganz extrem. Kaum kommt ein neues Handy heraus, meldet mir meine innere Stimme, dass ich ohne diesem Ding vollkommen verloren bin. Ein Nichts. Und erst wieder ein glücklicher Mensch sein kann, wenn die geniale Neuheit mein Eigentum ist. Meine Mutter bringt das zur Weißglut. Die kann das überhaupt nicht verstehen. Ok, mir ist schon aufgefallen, dass, wenn ich das Handy dann besitze, es mir nach zehn Tagen wieder egal ist. Doch diese Einsicht hilft nichts, da meine innere Stimme davor einfach so laut schreit. Und auf die innere Stimme sollst du dich ja verlassen, sagen die Erwachsenen immer. Nur wenn meine an-

❶ DONAU MAL VIER

Sobald die Donau Wien erreicht, spaltet sie sich in vier Arme. Wenn sie die Stadt wieder verlässt, fließen diese wieder zusammen. Die Arme heißen »Neue Donau, Alte Donau, Donau und Donaukanal«. Bis auf die »Alte Donau« (sie ist nicht mehr direkt verbunden) bekamen diese Arme ein Betonbett, um Wien vor Überschwemmungen zu schützen. Früher waren Hochwasser häufig und viele kleine Arme schlengelten sich am sumpfigen Stadtrand vorbei. Der wichtigste Arm war damals der »Donaukanal«, weil er fast beim Stadtzentrum lag und Schiffsladungen nicht weit transportiert werden mussten. Jetzt fahren Schiffe auf dem breiten Hauptstrom, der einfach »Donau« genannt wird. Entlang des »Donaukanals« haben sich Spielzonen, Bars und ein Badeschiff angesiedelt. Übrigens: Zwei Bezirke liegen eigentlich auf einer Insel. Leopoldstadt (2) und Brigittenau (20). Sie werden von der »Donau« und dem »Donaukanal« umgeben.

Die »Insel« Brigittenau am Donaukanal

scheinend falsche Dinge sagt, wo ist dann die Richtige? Vielleicht gibt es überhaupt zwei Stimmen. Aber woher sollst du dann bitte wissen, welche gerade redet? Einfach ist das nicht. Zum Glück weiß ich, wer jetzt, mitten im Augarten (2), gerade zu mir spricht. Lene. »Du Ruven, sitzt da nicht der Wanderer von gestern? Da in der Wiese vor dem Flakturm (3)?« Tatsächlich, das könnte er sein! Lene und ich versuchen, möglichst unauffällig,

❷ EIN EDLER GARTEN

Der Augarten ist eine ganz alte Gartenanlage, die zwar zum 2. Bezirk gehört, doch direkt an den 20. Bezirk grenzt. Zuerst stand dort nur ein Jagdschloss mit kleinem Garten, doch jeder neue Besitzer vergrößerte das Anwesen, bis es etwa so aussah wie heute. Schattige Alleen, bunte Blumenbeete und große Wiesen. »Normale« Leute durften den Augarten aber erst um 1766 betreten.

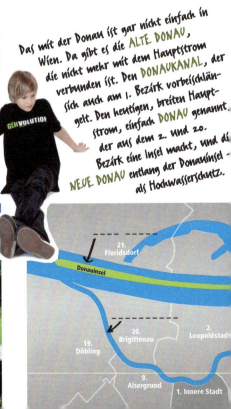

Das mit der Donau ist gar nicht einfach in Wien. Da gibt es die ALTE DONAU, die nicht mehr mit dem Hauptstrom verbunden ist. Den DONAUKANAL, der sich auch am 1. Bezirk vorbeischlängelt. Den heutigen, breiten Hauptstrom, einfach DONAU genannt, der aus dem 2. und 20. Bezirk eine Insel macht, und die NEUE DONAU entlang der Donauinsel – als Hochwasserschutz.

Musiker im Augarten

näher zu der zeitungslesenden Gestalt zu gelangen, um Gewissheit zu haben. Um sicher zu sein, dass es wirklich der Mann mit dem WildUrb Button am Rucksack ist. Wenn der jetzt schon wieder mitten auf unserem heutigen Missions-Weg hockt, kann es kein Zufall mehr sein. Dann ist klar, wir werden beschattet. Lene und ich sind schon ziemlich nahe bei dem Mann. Ich weiß auch nicht, was wir uns dabei gedacht haben. So ganz ohne Deckung. Kein Busch, kein Baum weit und breit. Und dass der Typ keine Steinstatue ist, die sich nicht bewegen kann, müsste uns eigentlich klar gewesen sein. Aber in der Aufregung vergisst du solche Sachen einfach. Darum ist es passiert. Der Mann hat die Zeitung gesenkt und uns angeblickt. Zwar nur einen winzigen Moment, aber er hat uns gesehen. Vor Schreck liefen Lene und ich los. Leider nicht in die gleiche Richtung, sondern in die entgegengesetzte.

Der runde Gefechtsturm

❸ RÄTSELHAFTE TÜRME

Im Augarten stehen zwei riesige Flaktürme, die im 2. Weltkrieg errichtet wurden. Vom runden »Gefechtsturm« aus, sollte auf Flugzeuge gezielt werden, doch diese flogen damals schon zu hoch, um überhaupt vom Turm aus erreicht werden zu können. Das hätte längst bekannt sein müssen. Im eckigen »Leitturm« sollten Menschen vor Luftangriffen Schutz finden, doch warum er dann Fenster hat, ist ebenfalls ein Rätsel.

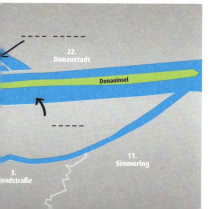

Der viereckige Leitturm

MISSION 20
DEIN WEG!

Hier kannst du die Lösungen eintragen!

✉ 58. NACHRICHT

**Der Park nach der heiligen Brigitta benannt,
die aus einem Königshaus entstammt.
Auch der Pfarrkirche gab sie den Namen.
Doch woher wohl ihre Vorfahren kamen?**

| | | | W | | | ²⁰ | |

Zuerst haben wir die ganze Kirche abgesucht –
nichts. Dann wollten wir schon aufgeben, doch
da stand am Parkrand eine Tafel. Volltreffer!

✉ 59. NACHRICHT

**Unter dem Kreuz herrscht ein Getümmel,
zur Freude derer oben im Himmel.
Der Hahn am Pfahl macht dich munter.
Was du suchst, bringt dich rauf und runter!**

| | | | I | | | |

Auf diesem Pfeiler geht es echt zu. Lauter Dinge
sind auf den vier Seiten zu sehen. Doch nur ein
Gegenstand bringt dich »rauf und runter«! ;-)

✉ 60. NACHRICHT

**Im Krieg war er ein Unteroffizier
und Orden hatte er sicher nicht nur vier.
Trotzdem half er den Juden, wird berichtet.
Wo wurde der Gute dafür hingerichtet?**

| V | | | | | | | | |

Neben der Friedensbrücke haben wir es erfahren:
Anton Schmidt hat versucht, vielen Juden, die zu
dieser Zeit grausam verfolgt wurden, das Leben
zu retten. Dafür wurde er erschossen, doch wo?

Figurenbemalerin in der Augarten Manufaktur

❹ ALLES HANDARBEIT

Die Manufaktur Augarten stellt seit 1923 Gedecke und Figuren aus »Weißem Gold« her. So wurde das Porzellan einst genannt. Die Augartenprodukte gehören zu den teuersten der Welt, auch weil sie per Hand hergestellt werden. Das Wort »Manufaktur« verrät es. Auf lateinisch bedeutet nämlich »manus« Hand und »facere« machen. Manufakturen gibt es nur noch selten, meist erledigen die Arbeit heute Maschinen.

Auch diese Kirche ist nach der Heiligen Brigitta benannt

Was zur Folge hatte, dass wir mit unseren Köpfen zusammengekracht sind. Die volle Kollision. Das war vielleicht ein Schmerz! Und du kannst dir nicht mal den Kopf halten, sondern musst weiterrennen, damit dich der Gangster-Typ nicht erwischt. Als wäre das nicht schon schmerzhaft genug, habe ich mir dabei auch noch auf die Zunge gebissen. Bis zur Friedensbrücke sind Lene und ich gerannt. Voller Todesangst, dass uns der Gangster gleich packt. Erst dort waren wir uns sicher, dass wir ihn abgehängt haben und lassen uns erschöpft ins Gras fallen. Ich betaste meinen Schädel und fühle eine riesige Beule. So ein Dreck! Jetzt komme ich mir nicht nur wie ein Idiot vor, sondern sehe auch noch aus wie einer. Lene ist auch bedient. Man könnte meinen, ein Lastwagen hätte sie gerammt. Wenigstens kann sie normal reden, bei mir hört sich das an, als ob ich einen ernsten Sprachfehler hätte.

Die Brigittenau ist ein junger Bezirk. Große Teile waren unbewohnbar, weil sie dauernd überschwemmt wurden. Erst als die Donauarme 1875 das erste Mal reguliert wurden, entstand viel Land das besiedelt werden konnte. Darum gibt es hier wenige alte Sehenswürdigkeiten. Eine davon ist die »Brigittakapelle«. Sie ist der heiligen Brigitta geweiht, und gab dem 20. Bezirk auch seinen Namen.

Freiluftkino im Augarten

20. BEZIRK
DAS IST URBIG!

Augarten
- Kinderspielplätze, Tischtennis-, Streetball-, Street-Soccer- und Beachvolleyball-Anlage, Waldspielplatz, kleines Familienfreibad sowie Boule-Möglichkeiten
- Kino wie noch nie – Open-Air-Kino im Juli und August Am Augartenspitz, www.kinowienochnie.at
- Viele Freiluftevents, www.kultur.park.augarten

WienerWand: Legale Wände für Graffiti-KünstlerInnen
- Nordbrücke Donau (bei U6 Alte Donau)
- Obere Donaustraße 43-45b und Augartenbrücke
- Roßauer Lände (bei U4 Roßauer Lände)
- Nußdorfer Lände entlang des Donaukanals
- Mooslackengasse (bei U4 Heiligenstadt)
www.wienerwand.at

Augarten Manufaktur: Museum mit der Geschichte des Porzellans und Führungen durch die Manufaktur
Obere Augartenstraße 1, www.augarten.at

Vindobona – Nette Varieté-, Kabarett- und Kleinkunstbühne sowie Magie- und Dinner-Shows
Wallensteinplatz 6, www.vindo.at

Forsthauspark: Volleyball- und Streetball-Anlage sowie ein großer, neuer Skateboard-Park
Forsthauspark (Forsthausgasse 22)

Base 20 - Jugendtreff: Chilliges Café mit Spieleverleih, Internet, DJ Workshops, Turniere und Kreativaktionen
Engerthstraße 78-80, www.jugendzentren.at

Brigittenauer Bad (Hallenbad): Babybecken, Sportbecken, Lernbecken mit Kursen für Babys und Kinder
Klosterneuburger Straße 93-97

WIENERWAND

An alle Graffiti-KünstlerInnen, Sprayen ist erlaubt auf allen Wänden mit dieser Taube!

21. FLORIDSDORF – DA GEHT'S VON DER DONAU BIS NACH STAMMERSDORF

MISSION_21

Wie zwei Kriegsopfer schleppten wir uns heimwärts. Mit dröhnendem Schädel, tauber Zunge und einem unglaublichen Schock in allen Gliedern ließ ich mich zuhause nur noch auf mein Bett fallen. Lene holte zwei eiskalte Waschlappen und klatschte mir einen davon auf den Kopf. Dann lagen wir beide da wie scheintod. Da sich mein Mund anfühlte, als hätte ich einen fetten Wollsocken anstatt einer Zunge, war ich froh, dass Lene irgendwann zu sprechen anfing: »Hast du den Mann auch erkannt?« Zum Nicken hatte ich keine Kraft mehr, deshalb wachelte ich mit meinem Arm hin und her. Lene deutete die Geste richtig. Ja. Und wie ich ihn erkannt habe den Gangster. Gestern in Wanderkluft mit Hut, Stock und Sonnenbrille war er gut getarnt. Doch heute hat die Millisekunde Blick auf seine Fratze gereicht, um ihn zu identifizieren. Es war Florian Haselstein. Das miese Aas, das sich dauernd bei meiner

❶ DIE SPAGHETTI-INSEL

»Fadennudel« oder »Spaghetti-Insel« wurde die heutige Donauinsel spöttisch genannt, als sie 1972 zu bestehen begann. Denn eigentlich wollte man nur neben der »Donau« ein zweites Flussbett graben, um Wien noch mehr vor Hochwasser zu schützen. Dieses Flussbett kennst du heute unter dem Namen »Neue Donau« oder »Entlastungsgerinne«. Die dafür ausgebaggerte Erde landete einfach zwischen den beiden Donauarmen. Erst bei den Arbeiten kam die Idee, dass die entstehende Insel auch gestaltet werden sollte. Das ist sie mittlerweile auch. Ein 21km langes Bade- und Freizeitparadies.

ES GEHT AUCH TROCKEN

Nicht nur große Wasserlandschaften gibt es in Floridsdorf, sondern auch eine trockene Waldsteppe rund um den Bisamberg. Hier findest du extrem seltene Pflanzen- und Tierarten. Und natürlich wird auch Wein an den Hängen des Berges angebaut.

Die lange, lange Donauinsel

Donau

Neue Donau

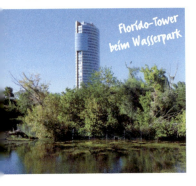

Florido-Tower beim Wasserpark

❷ EIN VOGELPARADIES

Beim Wasserpark sickert Donauwasser als »warme Quelle« durch den Hubertusdamm und verhindert das Zufrieren des Wassers. So ist der Park ein ideales Winterquartier für Enten, Möwen, Schwäne, Blesshühner, und Graureiher, die du dort aber auch im Sommer antriffst. Im hinteren Teil des Parks sind einige Vogel-Nistplätze zu bestaunen sowie auch der »Florido-Tower«, das höchste Gebäude Floridsdorfs.

Mutter einschleimt. Sie reißt übrigens in diesem Moment übertrieben geräuschvoll meine Zimmertür auf und ein ekliger, feuchter Fetzen kommt geflogen, der genau auf meinen Bauch klatscht. Ins Zimmer geschaut dürfte Mum nicht haben, sonst hätte sie bestimmt nicht lautstark verkündet, dass ich diesmal die angeschmierte Klobrille selber putzen darf. Eher wäre sie bei dem Anblick unserer Verletzungen in Mitleid verfallen. Am nächsten Morgen lag der grindige Fetzen noch immer auf meinem Bauch. Anscheinend war ich nicht einmal mehr fähig, das Ding in eine Ecke zu schleudern. Nachdem wir heute wieder eine Nachricht vom WildUrb erhalten haben, beschlossen Lene und ich, trotz unserer

Wasserpark

Im Floridsdorfer Wasserpark kannst du echt viele Wasservögel beobachten. Wie viele verschiedene Arten entdeckst du?

Ich habe ____ Arten gesehen

Beulen und dem Wissen, dass der Florian-Typ irgendwie dahintersteckt, weiterzumachen. Wir sind einfach zu neugierig. Neugierig was passiert, wenn wir alle 23 Missionen erledigt haben. Neugierig, auf den Schatz. Und besonders neugierig, was der Florian-Gangster mit uns allen vor hat. Erledigen hätte er mich und Lene gestern ja leicht können. Weil erstens weiß er, wo wir wohnen und zweitens haben wir geschlafen wie tot. Lene und ich kommen heute mit dem Rätselraten in Floridsdorf nur schleppend voran. Wir fühlen uns einfach noch immer zerschlagen. Zum Glück gibt es viele Plätze zum Chillen. Im Wasserpark (2) legen wir uns auf die Wiese und schauen Vögeln zu. An der Alten Donau (3) sind es Boote, die wir von einer Bank aus beobachten. Und auf der Donauinsel (1) sind es dann meine Schuhe. Die baumeln jetzt nämlich auf einer acht Meter hohen Skulptur im Wind. Ich habe sie dort hin-

SCHULE AM WASSER

Du kannst in Floridsdorf sogar auf einem Schiff zur Schule gehen. Denn die »Bertha von Suttner«, so heißt das Schulschiff, ankert seit 1994 vor dem Donauinselplatz und beherbergt ein Gymnasium. Derzeit besteht die Crew aus 850 Schüler- und 100 LehrerInnen. Wer dort unterrichtet werden will, darf aber nicht leicht seekrank werden. ;-)

❸ ALTE DONAU

An der »Alten Donau« waren einst Schiffsmühlen verankert. Das waren große Floße, mit einem Wasserrad und einem Häuschen, in dem das Mühlwerk war. Angetrieben hat sie die Strömung des Flusses. Viel Strömung hat die »Alte Donau« nicht mehr, denn sie wurde ja von der »Donau« abgetrennt und ist jetzt ein stilles Gewässer. So wie ein See. Darum sind an ihrem Ufer viele Strandbäder entstanden. Aber du kannst dort nicht nur baden, sondern auch Tret-, Ruder- und Elektro-Boote mieten oder segeln lernen.

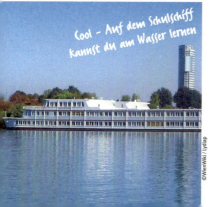

Cool – Auf dem Schulschiff kannst du am Wasser lernen

Boot fahren auf der Alten Donau

MISSION 21
DEIN WEG!

Hier kannst du die Lösungen eintragen!

✉ 61. NACHRICHT

Ein wenig verkehrt ist diese Skulptur,
die etwas trägt auf drei Beinen nur.
Wie ein Pendel schwingt das Ding im Wind,
obwohl die Fesseln doch recht eng sind.

| B | | | | |

Das war jetzt leicht, denn klein ist diese Skulptur nicht. Unter das gesuchte »Ding« kannst du dich auch legen, wenn du dich traust!

✉ 62. NACHRICHT

Nach einem Japaner in Wien benannt,
ist dieser Park in der Gegend bekannt.
Tora-San ist der Name der Titelfigur,
wie ist der Name des Schauspielers nur?

| | | | Y | | | |

Ui, cool! Eine Tafel im Park hat mir verraten, dass Floridsdorf sogar einmal Drehort für einen japanischen Film war. Nicht schlecht.

✉ 63. NACHRICHT

Über der Moschee kannst du ihn sehen,
steht er doch dort mitten im Geschehen.
Auf vier Kugeln ist hier sein Sitz,
ganz oben auf des Minarettes Spitz.

| | | | | M | | |

Ich habe gleich erkannt, was das ist. Nur die vielen Buchstaben-Felder machten mir Kopfzerbrechen. Kurz nachgedacht, und alles war klar! Am Himmel kann er ja auch mal »ganz« sein.

Moschee am Bruckhaufen

📧 DER MUEZZIN RUFT

Am Bruckhaufen steht die erste Moschee, die in Österreich erbaut worden ist. So können auch Menschen mit muslimischem Glauben ihrer Religion nachgehen. Außer dem Betraum hat eine Moschee auch meist ein »Minarett«. Das ist der lange, schmale Turm, von dem aus der Muezzin zum Gebet ruft. Im Orient wird er auch als Wachturm und zur Orientierung für Karawanen verwendet. Unser Wiener Minarett ist 32m hoch.

aufgeschossen, weil sie völlig im Eimer waren. Sohlen *durchgelatscht*. Kein Wunder. Mit meinem Schrittzähler habe ich berechnet, dass wir seit Beginn unserer WildUrb Missionen etwa 188 tausend Schritte gegangen sind. 200 tausend möchte ich noch schaffen. Das wäre dann so, als ob ich von Wien bis nach Graz gegangen wäre. Voll krass. Nur heute werden nicht mehr viele Schritte dazukommen, denn barfuß ist das fünf Mal so schwer. Ich bin schon froh, wenn ich es bis zur U-Bahn Station schaffe. Dazu fehlen eigentlich nur noch ein paar Meter. Doch zuerst lasse ich noch meine Füße vom Donauwasser durchkühlen. Ui, das ist angenehm. Lene sprintet währenddessen hinauf zum Imbisswagen, um uns ein Eis zu holen. Damit wir auch von innen abgekühlt werden. Als sie mit der eisigen Beute zurückkommt, checke ich es erst. Lene hat etwas bestellt! Sie hat mit fremden Menschen geredet! Ich klopfe ihr anerkennend auf die Schulter und bekomme ein liebes Grinsen zurück!

Am Kirschenhain gibt's tatsächlich ein japanisches Kirschblütenfest

Auf Japan stößt du nicht nur im Tora-San-Park, (der Park erinnert an einen japanischen Film der in Floridsdorf gedreht wurde), auch der Kirschenhain auf der Donauinsel zeigt die Freundschaft zwischen dem japanischen Bezirk Katsushika und Floridsdorf.

Bade-Floß auf der Neuen Donau

21. BEZIRK
DAS IST URBIG!

Donauinselbereich Floridsdorf
> Durchgehend wilde Badeplätze und Floße zum Sonnen
> Viele Betongrillstellen mit Tisch und Bankerl, Kohle mitnehmen! Anmeldepflicht: www.gewaesser.wien.at
> 21km autofreie Wege zum Radfahren und Rollerbladen
> Etliche Ballspiel-, Picknick- und Liegewiesen
> BMX-Bahn Donauinsel (bei der Floridsdorfer Brücke)

Familienbadestrand Floridsdorf: Flachwasserzone für Kids an der Neuen Donau (mit Spielplatz)
Am Bruckhafen, U6 Neue Donau, 10min. stromabwärts

Brigittenauer Bucht: Grillen und Picknicken ohne Voranmeldung. Griller und Kohle selber mitbringen!
Am Bruckhaufen, U6 Neue Donau, 5min. stromabwärts

Erlebnisradweg Dampfross+Drahtesel: 14km an der alten Eisenbahntrasse mit 9 tollen Erlebnisstationen
Stammersdorf (Bahnhof), www.dampfross-drahtesel.at

Wasserpark Floridsdorf: Toll zum Beobachten von Wasservögeln! Spielplatz, Tischtennistische,...
Floridsdorfer Hauptstraße/Am Wasserpark

Angelibad: Strandbad an der Alten Donau mit extra Spielbecken – alles sehr kinderfreundlich gestaltet
Birnersteig 2, U6 Neue Donau (6min. Fussweg)

Romaplatz: Wildes Baden in der Alten Donau, flacher Einstieg, Liegewiese, Tischtennis- und Basketballanlage
Romaplatz (neben Angelibad) bis Dragonerhäufel

Natura Trail Bisamberg: 10km Naturlehrpfad durch ein Gebiet, das Ziesel und andere seltene Tiere besiedeln
Stammersdorf (Start: Straßenbahn Endstation 31)

Solche süßen Ziesel zeigen sich dir am Natura Trail Bisamberg!

22. DONAUSTADT – DIE AM MEISTEN WASSER UND DIE HÖCHSTEN HÄUSER HAT

Echt sauheiß ist es heute. Der Asphalt dampft richtig. Da könntest du ein Spiegelei darauf braten. Garantiert. Zum Glück habe ich mir schon neue Latschen besorgt, denn barfuß wäre ich nicht weit gekommen. Und Brandblasen kann ich wirklich nicht auch noch gebrauchen. Wo sich doch gerade meine Beule wieder zurückzieht und der fette Socken im Mund sich wieder in eine Zunge verwandelt. Bei Lene ist nur noch die Nase ein bisschen geschwollen. Trotzdem ist meine Mum ganz schön erschrocken, als sie uns heute morgen zu Gesicht bekommen hat. Na, die hätte uns nach dem Zusammenstoß sehen sollen. Aber vielleicht ist es eh besser so, sonst wäre sie mit uns bestimmt ins Krankenhaus marschiert. Auf Anraten der Ärzte dort, würden wir uns dann tagelang im Bett fadisieren, weil es ja eine Gehirnerschütterung hätte sein können. Pflasterverklebt und eingecremt bis zur kleinen Zehe. Nur zu gut kann ich mir das vorstellen, denn ich spreche aus Erfahrung. Bestimmt müssten wir auch noch bitteren Tee saufen, obwohl eine Beule absolut nichts mit dem Magen zu tun hat. Zur Sicherheit halt, wäre die Ausrede meiner Mutter gewesen. Nein, es ist echt besser, dass wir nichts erzählt haben. Sonst wäre auch unsere heutige WildUrb Mission in die Donaustadt, wegen eines fürsorglichen Mutterherzens, ins Wasser gefallen. Dabei freue ich mich an diesem heißen

❶ VOM MÜLLBERG ZUR GRÜNZONE

Der riesige Donaupark ist ein Überbleibsel der »Wiener Internationalen Gartenschau«. Die fand 1964 statt. Zehn verschiedene Länder zeigten dort ihre Gartenkünste. Es gab auch eine Baumschau und Blumenwettbewerbe. Eine Liliputbahn, die heute noch ihre Kreise zieht, brachte die Besucher durch das Gelände. Sogar einen Sessellift gab es, um die Gärten von oben bewundern zu können. Der steht allerdings nicht mehr. Doch du kannst im Park noch einiges entdecken, die Spielplätze und Wiesen erobern, oder dich beim Skaten, Minigolfen und Tennis austoben. Vor der Gartenschau war das Gelände übrigens eine fette Mülldeponie ;-)

❷ EIN HOHES WAHRZEICHEN

Du kennst ihn bestimmt, den Donauturm! Dieses höchste Bauwerk Österreichs (252m), wurde auch für die »Gartenschau 1964« errichtet. Wer mit dem Lift hinauffährt, sieht an klaren Tagen sogar bis nach Bratislava.

Donauturm im Donaupark

Vienna International Centre (UNO-City)

❸ HÄUSERSCHLUCHTEN

Von der Reichsbrücke bis zum Donaupark stehen eindeutig die höchsten Häuser Wiens. Dieser Stadtteil, der zum 22. Bezirk gehört, wird »Donau City« genannt. Richtige Wolkenkratzer ragen dort in den Himmel. Fast jedes Jahr kommt ein neuer, höherer Turm hinzu. Begonnen hat es 1979 mit dem Gebäude der UNO-City, aber im Moment ist der DC-Tower 1 (220m) das höchste Haus in Wien.

Tag besonders darauf. Darum wird das Frühstück fristlos gestrichen und in windeseile Jausenbox und Badesachen in den Rucksack gestopft, damit es sofort losgehen kann. Im Donaupark (1), auf der Wiese mit dem Blick auf den Donauturm (2), legen wir die erste Rast ein. Das hat zwei Gründe. Erstens ist es super interessant, wie da ein paar Leute von Wiens höchstem Turm springen. Also das sind keine Selbstmörder, sondern die hängen eh an einem Bungee-Seil. Und zweitens hat Lene wieder einmal Hunger. Mir ist er aber gleich vergangen, weil eine Biene es auf meine *Topfengolatsche* abgesehen hat. Lene meint zwar, dass mich da eine Wespe belästigt,

Hochhäuser der Donau City

Ich bin ganz relaxed! Obwohl so manches fliegende Insekt um mich tanzt. Einfach ruhig bleiben und immer daran denken, dass einige auch sehr nützlich für uns sind. Erkennst du sie?

1 Biene | 2 Gelse | 3 Hornisse | 4 Wespe

und ich einfach relaxed bleiben soll, doch das ist leichter gesagt, als getan. Biene, Gelse oder Wespe, egal. Ich hasse die Tiere einfach. Zuerst bleibe ich noch ruhig und schaue zu, wie das freche Vieh den Zucker von meiner *Golatsche* leckt, doch dann kann ich nicht mehr. In nur drei Minuten erreiche ich die schützenden Häuserschluchten der Donaucity (3). Bestimmt hätte ich eine Medaille bei den olympischen Spielen für diesen Sprint bekommen. Denn mit so einem gefährlichen Insekt im Nacken, bist du einfach unheimlich schnell! Lene kam erst viel später nach, natürlich grinsend, aber das macht mir nichts. Wenn sie gerne mit Wespen kuschelt, bitte schön, soll sie doch, mir erscheint davonrennen logischer. Jetzt muss Lene überhaupt aufpassen, dass ihr keines dieser Insekten in den Mund fliegt,

Auch auf dem Wappen von Kaisermühlen ist eine Schiffsmühle drauf

❹ DES KAISERS MÜHLEN

Dass auf der »Alten Donau« viele »Schiffsmühlen« emsig Mehl gemahlen haben, hast du sicher schon auf Seite 179 gelesen. Die meisten davon standen am »Kaiserwasser«. Das gibt es immer noch, doch heute ist es ein stilles Gewässer, wie die gesamte »Alte Donau«. Nun kombiniere: »Kaiserwasser und Mühle« ergibt was? Ja, richtig: »Kaisermühlen«. So heißt der Teil des 22. Bezirks, wo zwar keine Mühlen mehr plantschen, dafür aber viele »Badenixen«.

✉ NACKT AUF DER INSEL

Eine der berühmtesten Bademöglichkeiten in »Kaisermühlen« ist das »Gänsehäufel«. Diese Insel sorgte 1900 für große Aufregung. Denn der damalige Inselpächter erlaubte dort das Baden ohne Kleidung. Damals ein Skandal. Heute gibt es hier auch eine Zone für nackte Gäste, doch die meisten paddeln angezogen durch das riesige Erlebnisbad.

5 Fliege | 6 Bremse | 7 Hummel | 8 Kammschnacke

Patschnass beim Gänsehäufel

Map: Donaupark & Donauinsel

188

Points of Interest
1. **Donauturm**
2. **Donaupark**
3. **Donau City**
4. **Kaisermühlen**

Streets & Roads
- Donauturmstraße
- Salvador-Allende-Weg
- Am Donaupark
- Autobahn A22
- Leonard-Bernstein-Str.
- Wagramer Straße
- Schüttaustraße
- Am Kaisermühlendamm
- Reichsbrücke
- Handelskai
- Vorgartenstraße
- Kaisermühlenbrücke
- Arbeiterstrandbadstraße
- Carl-Auböck-Promenade
- Rudolf-Nurejew-Promenade
- Bellegarde

Locations & Landmarks
- Blumenwiese
- Papstwiese
- Bodenschach
- Strandbäder
- Irissee
- Bühne
- China Restaurant
- Spielplatz
- Schmetterlings-wiese
- Imker-schule
- Sportplatz
- Mischek Tower
- Saturn Tower
- Austria Center Vienna
- UNO City Vienna International Centre
- IZ Tower
- **Österreich Denkmal** (64)
- Ares Tower
- Andromeda Tower
- Neue Donau
- DC-Tower 1
- DCT3
- DCT2
- **U1 Kaisermühlen**
- Kaiserwasser
- Copa Cagrana
- Hochhaus Neue Donau
- Donauinsel
- Minopolis Cineplexx
- **U1 Donauinsel**
- Donau
- DDSG Blue Danube Schiffahrt Anlegestelle
- **Wasserspielplatz** Donauinsel (65)

MISSION 22
DEIN WEG!

Hier kannst du die Lösungen eintragen!

✉ 64. NACHRICHT

**Hier liegt das Denkmal wie in Wellen,
erzählt Geschichten aus alten Quellen.
Lange Zeit war er stumm und bieder,
doch 1952 bekam sie der »Steffl« wieder.**

| | | | | | | | | N |

Das Denkmal war nicht leicht zu finden, zwischen all den Hochhäusern, obwohl es ganz lang ist und für jedes Jahr gibt es eine Welle!

✉ 65. NACHRICHT

**Am Spielplatz steht es auf dem Hügel,
dreht im Winde seine Flügel.
Ist auch wichtig für so manches Land,
und hält fast jedem Sturme stand.**

| W | | | | | | | |

Rauf auf den Hügel des Spielplatzes! Da steht die Antwort 3x auf dem Schild. Ich habe das »silberne Ding« auch schon von unten erkannt.

✉ 66. NACHRICHT

**Im Gänsehäufel wirds immer voller,
beim Eingang steht ein Hafenpoller.
Mit Worten beschrieben zum größten Teil,
doch in welche Richtung zeigt der Pfeil?**

| | ㉒ | | D | | |

Fast bei der Brücke zum »Gänsehäufel« steht der Poller. Das ist so ein Ding, an das Schiffe angeknotet werden können. Darauf ist viel über »Badefreuden« zu lesen. Interessant.

In der Lobau

GEHEIMNISVOLLER WASSERWALD

Durch den 22. Bezirk zieht sich ein Teil des riesigen »Nationalpark Donau-Auen«. In diesem »Dschungel« findest du Biber, Seeadler, Schildkröten, Eisvögel, Schlangen und Unmengen an anderen Tieren. Ein Paradies zum Forschen, Beobachten und Entdecken. Die Wiener nennen ihren Teil des Nationalparks die »Lobau«. Der Name Lobau stammt aus dem Althochdeutschen und bedeutet soviel wie »Wasserwald«.

Bibergehege

denn der steht sperrangelweit offen. Vom Staunen. Denn die Häuser hier sind rekordverdächtig hoch. Wenn du genau zwischen den Türmen stehst, kommst du dir unglaublich klein vor. Wie eine Maus. Aber vor allem wie in einer anderen Megacity. Ich glaube, in New York könntest du dich auch so fühlen, da gibt es viele, moderne Wolkenkratzer. Als Lenes Mund wieder zugeklappt ist, sind wir weiter. Über die Donauinsel bis nach Kaisermühlen (4). Das ist ein ganz schöner Hatscher. Vor allem, weil es schon Mittag ist und die Sonne deshalb noch heftiger vom Himmel sticht. Da kommt es wie gerufen, dass unser letztes Rätsel für heute vor der Brücke zum Gänsehäufel ist. Das Gänsehäufel ist übrigens ein riesiges, altes Strandbad. Da wir im Rätseln schon die vollen Profis sind, ist auch dieses in Sekundenschnelle gelöst. Nichts hält uns nun mehr davon ab, ins kühle Wasser der Alten Donau zu springen. Und jetzt nimm dich in Acht, Lene! Ich bin zwar kein schneller Bergsteiger, aber beim Schwimmen unschlagbar!

Tiere in der Lobau sind sehr scheu, aber einen Biber siehst du bestimmt. Denn »Flummy« ist ein Biber-Findelkind, das nicht gelernt hat, in freier Wildbahn zu überleben. Deshalb bekam er ein Gehege. Das ist 20 Minuten von der Eßlinger Furt entfernt.

In den Blumengärten Hirschstätten gibt's nicht nur Pflanzen, sondern auch Tiere!

22. BEZIRK
DAS IST URBIG!

Donaupark
Riesiger Park, in dem es viel zu entdecken gibt:
> Sparefroh Spielplatz, Skaterbahn, Tischtennistische, Minigolfplatz, Tennisplätze, Riesenschach, Spiel- und Liegewiesen sowie den Donauturm und die Liliputbahn
> Imkerschule Wien, Anmeldung: 0664 262 37 42
Arbeiterstrandbadstraße 122 (beim China-Restaurant)

Wasserspielplatz Donauinsel: 5000m² für urbige Wasserspiele (Floß, Quelle, Wildbach, Brücken,...)
Donauinsel, U1 Donauinsel, 6min. stromabwärts

Gänsehäufel: Baden auf der Insel! Wasserrutsche, Klettergarten, Trampolin, Boccia, Biotop, KidsLab,...
Moissigasse 21, www.gaensehaeufel.at

Strandbad Alte Donau: Donaustrand, drei Becken, Rutsche, Turngeräte, Feder- und Volleyball-Platz,...
Arbeiterstrandbadstraße 91

Copa Cagrana: Bade-Vergnügungsmeile mit Boots-, Rad- und Skaterverleih, Trampoline, Lokale, Musik
Reichsbrücke, U1 Donauinsel

Blumengärten Hirschstetten: Florarium, Terrarien, Bienenhaus, Vogelpfad, Garten der 5 Kontinente,...
Quadenstraße 15, Telefon: 01 4000-42110

Bootsvermietung Eppel: Hier gibt es die bei Wasserratten so beliebten Tretboote mit Rutsche
Wagramer Straße 48a, www.eppel-boote.at

Naturlehrpfad Lobau: Zuerst das Nationalparkhaus, danach die Au erkunden! (3km, mit netten Stationen)
Nationalparkhaus lobAU, Dechantweg 8

Auf der Donauinsel kannst du auf dem riesigen Wasserspielplatz so richtig herumplantschen!

23. LIESING – WO SO MANCHER SCHON MAL EINE STERNSCHNUPPE FING

Mit gemischten Gefühlen hole ich den Plan unserer 23. Mission aus dem Drucker-Ausgabefach. Denn wahrscheinlich ist das die letzte Rätseltour für mich und Lene. Mehr Bezirke hat Wien ja nicht. Und ich glaube kaum, dass es an einem fremden Ort weitergeht. Andererseits bin ich extrem gespannt. Wie eine neue Wäscheleine. Denn wer steckt nun wirklich hinter WildUrb? Eine Bande oder nur die Florian-Person? Dann gibt es da noch den Schatz. Finden wir den, oder ist das ein Fake? Und ein bisschen traurig bin ich auch, weil Lene bald nach Hause reist. Wer soll mir dann helfen, die ganzen gemeinen Typen, die sich bei meiner Mutter einschleimen wollen, in die Flucht zu schlagen? Oder mit mir Schimpfwörter von einem Turm schreien, wenn ich traurig bin. Boris und Ali? Sicher nicht, die würden das nicht verstehen. Eher mich als krankes Psycho-Weichei abstempeln. Und wenn der Volltrottel Philipp davon erfährt, ist mein Image für immer im Eimer. Da kann ich die Schule wechseln. Garantiert. Auch die ganzen Sachen, die ich mit Lene in Wien erlebt habe, waren so aufregend und oft unglaublich lustig. Sie ist eine echte Ulknudel. Eine liebe Ulknudel. Und die Ulknudel stupst mich jetzt plötzlich aus meinem Gedanken-Wirrwarr: »Ruvi, du Traummännlein! Grüble nicht so viel, lass uns einfach losgehen. Ein Abenteuer wartet!« Erschreckend. Fast so, als könnte sie

LIESING – WIENS JÜNGSTER BEZIRK

Wien hat heute 23 Bezirke. Die Stadt wuchs ständig und ein Bezirk nach dem anderen kam dazu. Doch es gab einmal 26 Bezirke. Denn als »Adolf Hitler« 1938 an die Macht kam, entstand »Groß Wien«. Viele Orte am Stadtrand, wie Schwechat, Klosterneuburg, Mödling und auch Liesing wurden zu neuen Bezirken. 1954 kamen die Orte wieder zu Niederösterreich zurück. Doch Liesing blieb bei Wien und ist seither unser 23. Bezirk.

❶ DAS EINFACHE BAUWERK

Die Wotruba-Kirche ist eine ganz untypische Kirche. Keine prunkvollen Verzierungen oder Statuen schmücken sie. Sie besteht einfach aus 152 rohen Beton-Blöcken. Der Bildhauer Fritz Wotruba wollte mit dem Bau der Kirche zeigen, dass Armut nicht hässlich sein muss, dass Einfachheit schön ist und auch glücklich macht. Stimmt alles. Trotzdem wurde diese Kirche von vielen Menschen als »Schandfleck« abgestempelt.

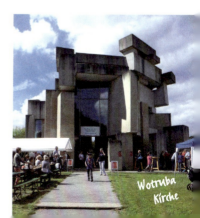

Wotruba Kirche

Sterngarten

② DER HIMMEL ÜBER WIEN

Der »Sterngarten« am Georgenberg ist ein Freiluftplanetarium. Im Zentrum steht eine Plattform mit Stufen, um die Pfeiler angeordnet sind. Auch seltsame Markierungen gibt es zu entdecken. Mit all diesen Hilfen können »Himmelsereignisse« abgelesen werden. Schon vor 7.000 Jahren machten das Menschen mithilfe ähnlicher Anlagen. Auch du kannst es lernen: An den »Sternabenden im Sterngarten«.

Gedanken lesen. Als wüsste sie, dass es mir voll schwerfällt, diese letzte Mission zu machen, weil danach vielleicht alles anders sein wird. Inzwischen sind Lene und meine Wenigkeit schon bei der Wotruba-Kirche (1) angekommen. Dort ist allerdings gerade ein Fest im Gange, deshalb peilen wir gleich den Sterngarten (2) an. Da stehen vielleicht komische Dinge herum, sag ich dir. Ziemlich lange versucht Lene zu durchschauen, wie dieses Planetarium funktioniert. Aber ohne Hilfe ist das echt schwer. Deshalb stellen wir uns einfach vor, dass die Anlage eigentlich eine geheime Landestation für Ufos ist. Die ganze

Das »Ding« im Sterngarten ist eine Sonnenuhr

Da sind sie, unsere 9 Planeten und die Sonne (streng genommen sind es ja eigentlich nur noch 8, weil ja Pluto kein Planet mehr sein darf). Alle kreisen sie um die Sonne, doch kennst du auch die Reihenfolge, in der die Planeten das tun?

Sonne = 1

Wiese rund um den Sterngarten suchen wir nach Gegenständen ab, die vielleicht die Aliens verloren haben könnten. Eine fette Ausbeute war das zum Schluss. Zur Sicherheit haben wir nämlich so ziemlich alles mitgenommen. Denn weißt du, ob Ausserirdische nicht auch aus Dosen trinken? Oder ihr Jausenbrot in Alufolie einwickeln? Da kannst du dir echt nicht sicher sein. Eine ältere Frau spaziert an uns vorbei, lächelt und meint: »*Jö, ihr seid's aber brave Kinder, tuts da den Mist wegbringen*«. Pah, die hat ja überhaupt keine Ahnung. In unserem Müllsackerl könnten sich die wertvollsten Schätze der Welt befinden. Zuhause werde ich den Sack ans Fenster hängen. Das war Lenes Idee. Denn vielleicht vermisst ein Alien etwas ganz schrecklich und will es wiederhaben. Mit Hilfe seines Ortungsgeräts sieht er dann, dass sein Lieblingsding bei meinem Fenster ist. Und wir würden einen echten Ausserirdischen sehen! Lene möchte

Spielwiese beim Pappelteich

❸ EIN KLEINES BIOTOP

Der »Pappelteich« ist auf den ersten Blick wirklich nichts Besonderes. Mehr ein Betonpool als ein Teich. Doch wenn du ganz genau schaust, entdeckst du viel Leben im Wasser. Frösche, Kröten, Kaulquappen, Molche, Wasserschlangen, Blutegel und viele winzige Tierchen, die du mit einer Lupe aufspüren kannst. Um den »Pappelteich« gibt es einige Naturlehrpfade, auf deren Tafeln du Pflanzen und Tiere zuordnen kannst.

MISSION 23
DEIN WEG!

Hier kannst du die Lösungen eintragen!

✉ 67. NACHRICHT

**Ein spitzer Bogen wie eine Kralle,
weist den Weg in die giftige Falle.
Es ist eine Pflanze und kein Getier,
einen Fliegenfänger suchen wir hier.**

| | | ²³ | | | | | B |

Ui, eine Pflanze die mal nicht duftet, sondern mit ihrem Aasgeruch Fliegen anlockt. Ich habe ihren Namen auf dem Infostand gefunden!

✉ 68. NACHRICHT

**Dieser Baumstamm ist wie verhext,
weil in ihm ein Bäumchen wächst.
Des Handwerkers Arbeit war eine Qual,
unter dem Dachgiebel steht eine Zahl.**

| | Ü | | | | | |

Ganz schön lange habe ich beim Forsthaus herumgesucht, bis ich die Zahl wusste. Dabei sieht man den Baumstamm schon vom Weg aus.

✉ 69. NACHRICHT

**Bei der Kapelle sollst du nicht fluchen,
sondern die Schrift an den Wänden suchen.
Denn die alten Worte an der Wand,
sagen dir, was hier in der Nähe stand.**

| | | | | | H | | |

Die rosa Kapelle am Liesingbach hatte ich sofort im Auge! Das hier mal so etwas stand, hätte ich mir aber nicht gedacht. Übrigens, die »Worte« beginnen mit: Standbild nahe dem…

Liesingbach

4 EIN WALDBACH DURCH WIEN
Nur wenige Bäche fließen noch oberirdisch durch Wien. Die meisten werden unter der Stadt durchgeleitet. Doch entlang des »Liesingbaches« kannst du spazieren, an manchen Stellen die Füsse baden, oder kleine Staudämme bauen. Der »Liesingbach« entspringt an zwei Quellen mitten im Wienerwald. Das verrät auch sein Name, denn der kommt vom slawischen Wort »Lieznička«, das heißt übersetzt »Waldbach«.

Mizzi-Langer-Wand

ihn dann fragen, ob sie mitfliegen darf. Denn ihr größter Wunsch ist es, einen fremden Planeten zu sehen. Ich glaube, ich will nicht mit. Der Gedanke ist schon etwas gruselig. Weil in Filmen siehst du immer, dass dort ganz gefährliche Viecher herumrennen, oder brutale Experimente mit dir gemacht werden. Mir reichen schon die lästigen Wespen und die gemeinen Philipps auf unserer Erde. Beim Pappelteich (3) bin ich mir dann ganz sicher, dass ich nicht mitfliegen werde. Denn was dort alles im Wasser herumkriecht, ist außerirdisch genug. Als Lene mir gerade einreden will, dass manche Leute die ekligen Blutegel im Teich auf ihre Beine setzen, um Krampfadern zu heilen, versuche ich dabei den Blutegel nicht anzusehen. Sonst wird mir schlecht. Darum erblicke ich etwas anderes. Mein Spiegelbild. Nicht, dass ich jetzt grün im Gesicht wäre, oder mir Hörner aus dem Schädel ragen würden. Nein, mein *Leiberl* ist schuld, dass wieder einmal ein heftiger Neuronenblitz durch meine Nervenbahnen zuckt.

Ich dachte, ich spinne. Doch Wien hat wirklich eine echte Felswand zum Klettern! Die »Mizzi-Langer-Wand«. Mizzi Langer war übrigens eine Sportlerin, Bergsteigerin und Gründerin des ersten Sportgeschäfts in Wien.

Testessen, Rätselrallyes und viel Interessantes gibts im SchokoMuseum

23. BEZIRK
DAS IST URBIG!

SchokoMuseum
Für alle Naschkatzen und Schokotiger!
Willendorfergasse 2-8, www.schokomuseum.at

Skatearea23: Die Halle kannst du mit Skateboard, BMX, Inline Skates oder Scooter befahren. Kurse gibt's auch!
Perfektastraße 86, www.skatearea23.at

Waldspielplatz Pappelteich: einige Spielgeräte, Fußballtore, Sandkiste, riesiger Wiesenballspielplatz,...
Anton-Krieger-Gasse 204 (dann Richtung Pappelteich)

Mizzi-Langer-Wand: Wiens einzige echte Felswand zum Klettern (Kletterkurse: www.edelweiss-center.at)
Willergasse 38 (dann den Waldweg entlang, 4min.)

Kellerberg Liesing: Naturnahes Erholungsgebiet mit Spielplätzen, Wiesen und mehreren Rodelhügeln
Schellenseegasse 36 (nahe der U6 Siebenhirten)

Freiluftplanetarium Sterngarten: Hier kannst du versuchen himmelskundliche Vorgänge zu verstehen
Rysergasse 2 (hinter der Wotruba Kirche, 3min.)

Alterlaa Entertainmentcenter: Bowling, Billard, Wuzzlern, Airhockey,... (Montag ist SchülerInnentag!),
Anton Baumgartner Str. 40, www.alterlaa-bowling.at

Bücherei Liesing: Jeden Dienstag (16h-17h) werden hier spannende Geschichten vorgelesen (ab 4 Jahren)
Breitenfurter Straße 358, Telefon: 01/4000 23161

Bogi Park: Österreichs größter Indoor-Spielplatz (5.000 m²). Laut sein ist erlaubt! (1 bis 12 Jahre)
Gutheil-Schoder-Gasse 17, www.bogipark.at

Klettern auf echten Felswänden!
Auf der Mizzi-Langer-Wand zeigt dir der Alpenverein Edelweiss bei einem Kurs, wie's geht.
www.edelweiss-center.at

Fast wäre ich in den Pappelteich gefallen, vor lauter Schreck. Bei meinem Glück wahrscheinlich genau in den Haufen mit den Blutegeln darin. Die hätten sich dann festgesaugt, obwohl ich gar keine Krampfadern habe. Doch ich konnte gerade noch mein Gleichgewicht halten. Dann war kurze Sendepause in meinem Gehirn. Ich konnte nur noch »Urb, Urb, Urb, WildUrb,...« sagen. Mindestens 50 Mal habe ich das gestammelt, hat Lene gemeint, als ich wieder bei Sinnen war. Jetzt konnte ich ihr erst in Ruhe erklären, warum mich das Spiegelbild meines T-Shirts so vor den Kopf gestossen hat. Auf dem *Leiberl,* dass Lene mir mitgebracht hat, steht »Prinz auf der URBse«. Das wusste ich ja schon. Aber das die Buchstaben URB ganz groß darauf hervorgehoben sind, ist mir erst in dem »bitte-nicht-die-Blutegeln-anschauen-Moment« aufgefallen. Lene ist auch baff. Tja, es sieht so aus, als hätten wir Leiberl von der WildUrb Bande an. Krass.

»Woher hast du die Shirts, Lene?« Lene grübelt kurz und erzählt mir, dass sie oben auf, in ihrem Koffer waren. Doch wenn sie jetzt so überlegt, kommt ihr das komisch vor. Denn hineingetan hat sie die *Leiberl* nicht. Erst als Lene bei mir ihre Sachen ausgepackt hat, sind sie ihr aufgefallen. Jedes der beiden T-Shirts hatte auch ein Zetterl mit einer Sicherheitsnadel am Etikett befestigt. Bei einem stand Lene darauf, bei dem anderen Ruven. Die Handschrift auf den Zetteln kamen ihr nicht bekannt vor. Außerdem war Lene sich sicher, dass sie den Koffer vor der Abreise eigenhändig geschlossen hat. Weil Lene ja sauer war und sie überhaupt nicht wollte, dass die Mutter ihr Gepäck angreift.

Die letzte Nachricht

Bis zu mir nach Hause haben Lene und ich überlegt, wer die WildUrb *Leiberl* in den Koffer getan haben könnte. Wir sind zu dem Schluss gekommen, dass das nur der Florian-Gangster gewesen sein kann. Irgendwann im Zug könnte er ihren Koffer geschnappt haben, während Lene mal auf's Klo musste. Ein geheimer Sender ist allerdings nicht in den T-Shirts eingebaut, das haben wir natürlich sofort überprüft.

Jetzt hocken Lene und ich auf meinem Bett und grübeln wieder. Wir haben nun jedes Rätsel gelöst. Echt alle 69 Reime entschlüsselt und dabei 200 tausend Schritte zurückgelegt. Aber was jetzt? Irgendetwas muss noch kommen, denn unsere 23 ausgefüllten Blätter geben keinen echten Hinweis auf einen Schatz. Wir haben nur jeweils eine kleine, violette Zahl auf jeder Missions-Karte gefunden. Die ist mir schon früher aufgefallen. Lene versucht nun die markierten Buchstaben der Reihe nach auf ein Blatt zu schreiben. Aber es kommt kein vernünftiges Wort dabei heraus. Nur *Kauderwelsch*. Nonsens. 23 Buchstaben ohne jeden Sinn. Ein bisschen frustriert schalten wir den Fernseher auf, der ja auch wieder in meinem Zimmer steht. Alles wieder da. Doch gar so glücklich machen mich der zurückverdiente Fernseher, die Playstation und der Laptop jetzt auch nicht. Doch dafür das Handy, dass eine Nachricht für uns hat. Von WildUrb! Ich dachte schon, ich sehe das frech grinsende Maxerl nie wieder. Diesmal hat es keine drei Reime für uns, sondern einfach eine Internetadresse: *www.wildurb.at/code*. Welcher Code war Lene und mir sofort klar, als wir die Seite öffneten. 23 Buchstaben waren einzugeben. Die 23 Buchstaben, die Lene ja schon fein säuberlich auf ein Blatt geschrieben hat. Eintippen, auf »ok« klicken und schon springt eine Seite auf. Was wir darauf gelesen haben, darf ich dir jetzt aber nicht verraten, weil du möchtest es bestimmt selber herausfinden (Seite 203). Auf jeden Fall war es ein Ort zu dem wir mussten. Jetzt waren Lene und ich beide so schnell, als ob die mörderische Wespe von gestern hinter uns her wäre. Stiegen runter, hinaus aus der Haustür, rein in die U-Bahn und hinauf zu der geheimnisvollen Stelle.

Was uns dort erwartet, davon haben wir keine Ahnung. Überhaupt keinen Schimmer. Vorsichtshalber habe ich eine Schaufel mitgenommen, falls Lene und ich wirklich einen Schatz ausbuddeln müssen. Das *Schauferl* ist zwar etwas dürftig, denn es stammt noch aus meiner Sandkisten-Zeit. Doch immerhin. Allerdings wäre mir im Moment ein Baseballschläger oder eine andere Waffe lieber, denn es dämmert schon und die Umgebung ist verdammt unheimlich. Dauernd habe ich das Gefühl, dass jemand aus dem Gebüsch springen könnte. Und so war es auch. Zwei Gestalten tauchten auf. Ich prügelte tapfer mit meinem Plastik-*Schauferl* auf die eine ein und Lene stürzte sich wie ein wildgewordenes Rindvieh auf die andere Kreatur. Solange bis ich die Stimme meiner Mutter erkannte. »Ruvi, Lene! Aufhören, ihr seid ja lebensgefährlich!« Tja, wie sollst du denn wissen, dass da mitten im Wald deine Mutter herumschleicht. Gemeinsam mit dem Florian-Gangster. Dem ich natürlich sofort einen todbringenden Blick zuwerfe. Doch anstatt umzufallen, lächelt er und sagt: »Ich habe euch in letzter Zeit wohl etwas zu oft erschreckt. Doch ich habe nur aufgepasst, dass ihr euch auf den Missionen nicht verlauft. Ich habe mir das Spiel ausgedacht, weil deine Mutter sich Sorgen machte, dass ihr in den Ferien nur herumsitzen werdet. WildUrb ist übrigens eine Gemeinschaft, die sich einsetzt, mehr zu Fuß zu gehen. Ich arbeite dort. Und keine Sorge Ruven, ich werde dir deine Mutter nicht wegnehmen. Die gehört eh dir!« Dann unterbricht ihn meine Mum: »Kommt, lasst uns gehen. Zuhause möchte ich euch Florian noch genauer vorstellen. Denn es gibt da noch etwas, das ich Ruven erzählen muss.« Lene stösst mich mit dem Ellbogen an und flüstert in mein Ohrwaschel: »Du, ich glaube das ist dein Vater. Er schaut dir nämlich ähnlich«. Der Typ soll mir ähnlich schauen? Echt? Na, hoffentlich bekomme ich nicht so große, behaarte *Pratzen*. Aber um Philipp eins überzubraten, wären sie ganz nützlich.

Und Lene? Ein bisschen traurig bin ich schon, dass sie übermorgen wieder in ihr Dorf, Entschuldigung, in ihre kleine Zwetschkenstadt, zurück muss. Zu ihrer Mutter und ihrem neuen Mann. Ich korrigiere mich. Eigentlich bin ich nicht nur ein bisschen, sondern extrem traurig darüber. Weil ich mag sie voll gern. Und leid tut sie mir auch. Doch ich glaube, sie sieht das jetzt lockerer. Weil sie hat mich in den Weihnachtsferien zu ihr nach Salzburg eingeladen. Da werden wir dem neuen Typen ihrer Mum das Leben zur Hölle machen. Das wird fett. Zusammen fallen uns bestimmt die abgedrehtesten Streiche ein. Und wenn sie ein Jahr älter ist, will Lene nach Wien kommen. Denn, dass sie hier in eine Kunstschule gehen will, hat sie todernst gemeint. Hoffentlich darf Lene dann bei uns wohnen. Das wäre echt URBIG! URBIG? Oje, jetzt hat es mich erwischt. Ich bin zum WildUrb mutiert. Florian hat mir erklärt, dass ein WildUrb jeder ist, der wild, naturverbunden, wissbegierig und ein Nachdenker ist. Sein Lebensraum: Die Stadt. Sein Lieblingswerkzeug: Die Füße. Das passt doch alles perfekt zu mir. »URBIG!«

Und was ist mit dem *Schatz!* Der war wirklich einmal dort, an dem gesuchten Ort!

DAS LETZTE RÄTSEL!

1. CODE ERMITTELN

Im Buch findest du bei jeder der 23 Missionen einen markierten Buchstaben. Diese kannst du hier eintragen. Dann hast du einen Code mit 23 Buchstaben.

1	2	3	4	5	6	7	8	9	10	11	12

13	14	15	16	17	18	19	20	21	22	23

2. CODE EINTIPPEN

Dann öffnest du die Webseite (www.wildurb.at/code) und trägst den 23-stelligen Code ein. Falls ein Buchstabe falsch sein sollte, wird dort rot, und du kannst ihn korrigieren.

Du schaffst das bestimmt!

3. LÖSUNG EINTRAGEN

Code geknackt? Dann erscheint der Ort, an dem wir zuletzt waren! (Schatzgräber kennen ihn)

Wir waren am:

Auf dieser Internetseite kannst du dir auch eine Urkunde ausdrucken!

DEIN WIEN TAGEBUCH

Hier kannst du dein schönstes, aufregendstes oder wildestes Erlebnis in Wien aufschreiben!

LOS GEHT'S!

FOTO

SPECIALS:

STROM SPARWG

SCHNITZELJAGD

POWERBIKE **CHALLENGE**

Junge Initiative von Wien Energie

Du wohnst in Wien und bist auf der Suche nach Action? Dann werde ein Teil der Power Generation – hier gibt es immer spannende & energievolle Freizeitaktivitäten!
Schau einfach online rein, was gerade läuft!

facebook.com/powergeneration
www.powergeneration.at

DEINE KRAFT FÜR DIE ZUKUNFT.

WildUrb zu Besuch bei
CHRISTINE NÖSTLINGER

Die WildUrbs haben sich aufgemacht, um ein Gespräch mit der großartigen Christine Nöstlinger zu führen, und sich damit einen Kindheitstraum zu erfüllen. Die schockierende Nachricht gleich zu Beginn: Frau Nöstlinger ist keine Spaziergängerin! Jedoch kann sie dem WildUrb Gedanken einiges abgewinnen. »Der/die WienerIn ist ja nicht einmal Bezirksmensch, sondern ein Grätzelmensch«, meint sie, und erzählt, wie sie mit 17 Jahren erstmals auf der Triesterstraße stand und nicht wusste, wo es stadtein- oder -auswärts ging. Dass Kinder heutzutage lieber mit der Playstation und dem Gameboy spielen, liegt nach ihrer Meinung nach eher an den fehlenden Impulsen der Erwachsenen, als an der Unlust der Kids, die Angebote zu nützen.

Sie erzählt aus ihrer Kindheit, als sie mit den anderen Kindern ihre Freizeit hauptsächlich spielend auf der Gasse verbracht hat. Damals war das ganz normal. Man hat sich draußen mit den anderen Kindern getroffen und sich gemeinsam Spiele und auch Streiche überlegt. Dass Mütter ihre Kinder nach draußen auf die Straße zum Spielen schicken, ist aufgrund des Autoverkehrs heute ja gar nicht mehr möglich. Christine Nöstlinger erzählt auch von der Entstehung ihrer Bücher. Sie hat, bevor sie zu schreiben beginnt, wohl eine Vorstellung von der Geschichte und wie sie in etwa ablaufen soll. Zu den AutorInnen, die ein Buch schon vor dem Schreibprozess kapitelweise durchplanen, gehört sie nicht. Ihre Figuren entwickeln sich während des Schreibens und bekommen ein Eigenleben, das anfänglich oft gar nicht von der Autorin für sie vorgesehen war. Geschichten nehmen Wendungen, die sich aus einem Satz, oder einem verbalen Spaß ergeben. Und plötzlich wird alles ganz anders, als ursprünglich geplant.

Ein »Lieblingsbuch« von sich hat sie nicht, wie sie auf unsere Frage meint. Das Wort »Lieblingsirgendwas« mag sie sowieso nicht, weil sie darauf meist keine Antwort weiß. Zum Thema »Patchwork Familien«, die in ihren Büchern ja immer wieder vorkommen, hat sie einiges zu sagen. Dass es für Kinder oft nicht leicht sei, mit dem neuen Stiefvater oder der neuen Stiefmutter, die sie vielleicht nicht sonderlich mögen, umzugehen. Aber Probleme gibt es ja in allen Familien. Sie